普|隐|文|库

重现经典智慧
彰显传统价值
升华文明对话
涵养生命阅读

普|隐|文|库

普隐人文　　　　　佛学通识

普隐译丛　　　　　经典阐释

普隐心语 | 圣凯 著

学术支持：清华大学道德与宗教研究院

普德文库

定 心

圣 凯 著

商务印书馆
The Commercial Press

图书在版编目 (CIP) 数据

定心 / 圣凯著 . —北京：商务印书馆，2022
（普隐文库）
ISBN 978-7-100-21511-4

Ⅰ.①定… Ⅱ.①圣… Ⅲ.①散文集—中国—当代
Ⅳ.① I267

中国版本图书馆 CIP 数据核字（2022）第 140426 号

普隐文库

定 心

圣 凯 著

商 务 印 书 馆 出 版
（北京王府井大街 36 号　邮政编码 100710）
商 务 印 书 馆 发 行
南京新世纪联盟印务有限公司印刷
ISBN　978-7-100-21511-4

2022 年 11 月第 1 版　　　开本 889×1240　1/32
2022 年 11 月第 1 次印刷　　印张 5⅞

定价：48.00 元

总　序

　　《周易》云："观乎天文，以察时变；观乎人文，以化成天下。"人立于天地之间，既要体验自身的生老病死、上下沉浮、心念生灭，更要审视、谛观自身变化与天地流转、世事更替、人际往来等的关系。先哲体验种种变化，反思变化规律，提出因应之道，并教化和帮助他人，致力于实现更为善良、有序、可持续的世界，故有文明的开显。因此，人类文明皆是变化之道、观察之道和教化之道。

　　变化之道作为普遍性规律，隐藏于变化的万象与纷纭的人事之后，体现出超越变化的不变性。天地变化，无非是时间的绵延与断裂；人际往来，无非是关系的独立与相依。绵延与独立为一，断裂与相依为二，所以佛陀提倡"不二"；"不二"即是面对、接纳和谛观一而二、二而一的世界和人生，成就变异多元、和谐相成的变化之道。提倡"普隐"，是希望有缘阅读者明了变化之道。

观察之道是主体依不变性而审视、谛观宇宙人生，从而将普遍性规律纳入主体之心。公元前五六世纪的"轴心时代"，先哲纷纷将"天地之心"纳入己之心性境界与生命经验，将自身的观察之道演化为教化之道，诠释宇宙人生的现象，揭示规律和发明定理。东方、西方思想体系之不同，就在于观察之道与教化之道的不同。提倡"普隐"，是希望有缘阅读者学习先哲的境界与经验，融摄时代思潮与日常生活，具备降伏烦恼、安顿生命的功夫与境界。

现时代的每个人，皆是几千年变化之道、观察之道和教化之道的继承者，理应追索自身承载的历史底蕴，呈现由之而绵延至今的文化传统，并将当前体贴出来的心灵经验融入其中。换言之，今人既承负着薪火相传、代代守护的文化使命，亦应与时俱进、推陈出新，创造出跨时空、越国界和体现时代价值的当代文化。

"普隐心语"呈现的是自身的经验与境界，以观察之道契入变化之道，融情感体验、生活反思、知识积累、理性思辨、智慧体悟为一体。"佛学通识"旨在将专业、系统的佛学研究转化为清晰、简洁的佛学知识，让社会大众通过现代汉语有缘进入佛学文化传统，呈现当代"教化之道"，让佛学文化成为当代中国社会文化的重要组成部分。"经典阐释"旨在将古圣贤的原创性智慧转化为时代性理论，将古代汉语解释爬梳为流畅、优美的现代汉语，让现代读者能够实现机教相应的阅读，可视为借古代的"教化之道"契入"变化之道"。东西、古今的"教化之道"都各有偏重与不同，所以需要交流互鉴，编辑"普隐人文""普隐译丛"系列，以实现各美其美。

于百年未有之变局中，当代中国正经历着广泛而深刻的社会变革，东西相遇，古今融汇，为新的观察之道、教化之道的出现提供了广阔空间。愿不负历史所托，立足东西、古今之变，为变化之道、观察之道和教化之道的传承、创造性转化、创新性发展而发新声，是为祈，以为序。

圣凯

2021 年 7 月于清华园

目　录

代序　定心

　　世间最难解者，唯有"时间"；世间最难破者，唯有"生死"。依哲学而观，"生死"是"时间"的形式和表象。凡夫不知"时间之际"，故在时间中沉浮而无自觉，故以一生为时间之限度，死亡来临时，即是时限已到，悔之晚矣；依佛教而观，"时间"是"生死"的形式，了生死即是破除时间之束缚，获得生命的自由。生死可"观"，观他者生死而知自己必死，故起内在自觉。生死可"了"，或任持主体而不动，即为"定"；或看破生死之假象，安然任运于生死而超越生死获得自由，即为"慧"。哲学之思，究时间之际而乏思者生命之关怀；佛教之生死，探生死之超越而证时间之自由。

　　时间与生死，皆为主体之假象；故放下一人有限之生死，担起众生无限之生死，则为菩萨道之行愿。菩萨了生死，既知生死本无可了，亦于救济众生的日常生活中而了生死之缘，于生死轮回中得生命之圆满。

| 2018 年 3 月 5 日 |

时光是一个加速器，生活是一个与生死竞跑的逃亡过程。侥幸活着，偶尔停下来，发现自己纵然略有伤痕，仍能拥有一种幸福而又有意义的时空缘起，已经是一大幸运。在与生死竞跑的逃亡过程中，需要有善缘的支持与增上，才能跑得快一点。

人的一生是有限的，我们最终跑不过时光这个加速器；于是，只好平静地接受时光对存在的消磨，慢慢地变老，最后死去。

人生是一种时光不可逆的线性维度，自他关系是一种可伸缩的空间维度。因为自他关系的可伸缩性，人往往通过自我的扩张来抵抗不可逆的时光消磨。"肥胖"的空间感，似乎说明了身体对时光的自觉抵抗。权力即是通过自我的意志塑造空间感，于是时光流逝了，权力的空间感越来越大，越来越真实，这种虚幻的空间感的实体化，终于压垮了脆弱的主体，此即主体的堕落。

人的一生是有限的，我们不可能拥有无限扩张的空间感；于是，只好平静地接受孤独的自己，在无人拥抱的角落中老去，最后死去。

"生活"是"时间之流"的幻相，"年"是在"时间之际"的运动。在时间的流淌中，人似乎无法承受时间带来的无限纠缠的消磨，以及春夏秋冬、温暑凉寒的变化冲击。于是，先民智慧地发明一个称为"年"的时段，通过庆祝、期待"年"的转换，人会逐渐地接受时间的运动。"过年"是通过一种仪式的表达而切割相续的时间，即通过仪式的空间感实现了时间的断裂，从而实现了"时间之际"，又能真正地回到生活自身。

无论是短暂的欢愉，还是对先祖的祈祷，"年"都是中国的先民对生活的期待，都是对恒常运动之"道"的追求；中国人"过年"的神圣传统，是对"空间"关系的追求，而不关切时间和个体意义。佛教的传入，则使时间和个体的主体意义获得关切，使"生活"获得永恒的意义。佛前的一炷香，有人间烟火的温暖，即对"生活"的期待；更有个体的神圣意义，即对"永恒"的实现。然而，永恒的意义经常迷失在燃起的香火中。

生死大事，不过是时间之流中的小事；无常运动，才是时间的本质。有时，记住某个时刻，是因为运动留下存在的意义。来到这个世界，是母亲当时的大事；离开这个世界，是后代人的大事；活在这个世界，是自己的大事。感恩父母把自己带到这个世界，但自己终究会被这个世界所抛弃，或者自己抛弃了世界。主体自主地抛弃了世界，是解脱；主体不情愿地离开这个世界，被世界无情地抛弃，是死亡。

异乡，只是主体处在陌生的他者空间，遭到熟悉的运动惯性的抛弃，而产生的一种对"熟悉"的依恋。时差，是主体存在的"过去空间"与"现在空间"的变化，是一种空间变化导致的主体性运动不适感。

历史是人类的智慧，后人希望自己借助先人的智慧，而不会重演先人的悲哀；当事人又总是重复先人的事件，因此历史的悲哀就是当事人的悲哀。

| 2019 年 11 月 15 日 |

存

在

篇

图：清华大学校园一景，2018 年 10 月摄于中国北京

存 在

当我们发问"我是谁"或"你是谁"时，任何答案都将是唯一的，这缘于逻辑思维的确定性或稳定性。如甲问乙："我是谁？"乙会回答："你是××。"有个著名的公案：印度著名中观论师提婆"才辩绝伦"。外道问提婆："你是谁？"提婆回答："我是天。"外道问："我是谁？"提婆回答："你是狗。"——外道始终无法摆脱"是狗"的困境。

这种困难来自"我"与"狗"之间的"是"，二者形成一种一致性的主客关系。"之间"是主客体尚未分化之时的本原性状态，其本真性是语言所无法表达的；而在某一时空中，"之间"一经"说"出，便沦为现实的"存在者"了——本真性的"之间"是不能被"说"出来的，而需要自己"显示"出来，所以"借假修真"或"借假示真"阐释了"之间"被表达的困难与悖论。

作为"说"的语言就是现实的逻辑形式，即事物的自性或规定性。作为思维所指向的对象，"存在"具有相对稳定的状态，就具体事物而言，某一事物之为某一事物，有其质的规定性，即"任持自性，轨生物解"；在一定的条件下，每一事物都是其自身，它不能同时既是其自身，又是他物。思维所指向事物的这种自我同一（identity），构成了思维本身遵循同一律的前提。

作为"存在者"的事物，一方面是自我同一性的"自性"规定，另一方面是变化、不受控制的"自他关系"规定。前者的"自我规定性"实际上是思维的规定，其本质是"自我否定性"或"自我不可规定性"；后者的"自他关系"是语言和认识，通过语言去描述思维的规定，用自他关系去"呈现"自我否定性。认识是使自他关系成为对象"成像"的关系，即将"存在"内化为"存在者"的影像，将世界纳入"自我"的影像，从而成为"自我规定性"。语言就"描述"这种"自我规定性"，所以"自我"是语言的主体，也成为限定这一语言所描述的世界的主体；语言之外，"自我"将不复存在。"自我"可以观察、描述世界，却不能观察、描述自身。因为，"自我"的自身是一种关系的存在，只能被认识，却无法被描述。

| 2017 年 4 月 28 日 |

缘　起

　　人在天地之间，头顶着朗朗乾坤，天理昭然；脚踩着苍茫大地，忍苦载物。人与万物皆同为一理，人同此心，心同此理，当自强不息而修德以配天。人处于"有限"与"无限"之间，身躯易疲，生老病死皆为人之"限度"；而心性无限，无论是烦恼、欲望，还是智慧、慈悲，皆为人之"超越"。《普贤行愿品》所谓"穷未来际，相续不断"，是时间之无限；虚空界、众生界，乃空间之无限；而业与烦恼无尽，行愿无尽，皆乃心性之无限。

　　修学是适当照顾身与现实之有限，而依心性之观照，转烦恼为菩提，转生死为涅槃，转业与烦恼为普贤行愿，而契入无限之真理与悲智行愿。身与心、入世与出世、众生与菩萨，皆"有限"与"无限"之间的"摇摆"。故人需要一立足处——儒家以修"德"而立天地，此乃伦理之立，故人为

"伦理主体";道家以顺"道"而游天下,此乃存在之立,故人为"存在主体";佛家以悟"心"而度众生,以"心"而融合伦理与存在,故人为"心性主体"。

依缘起的"自我相续"与"自他关系"两大维度,"心性主体"在"自我相续"的时间维度,包含着胡塞尔所谓的"先验自我"和梅洛-庞蒂所谓的"身体—主体",即化为"自我主体";而在"自他关系"的空间维度,"心性主体"则呈现为"主体间性"(intersubjectivity),即一个主体与另一个完整的作为主体运作的主体互相作用,是自我主体与对象主体间的交往、对话,即海德格尔所提的"具有哲学主体论意义的主体间性"。所谓"主体间性"即是"缘起"。"存在"是主体间的共在;生活则是主体间的关系的"摇摆",包括文化、语言、社会关系的"摇摆"。所谓"摇摆"即是自他"之间",若以"烦恼、欲望与业力"为"之间"的内容,则为沉沦的主体间性;若以"菩提、智慧与行愿"为"之间"的内容,则为觉悟的主体间性。所谓"度生事业与净土建构",即是主体间性的成就与实现。

从缘起论的思想史来说,自我主体的主体性是依"主体间性"而成就的,即自我是与其他主体共在的"存在",因此"主体间性"更为根本。所谓"小乘",是一种具有"唯我论"色彩的个体性解脱的教法。小乘以"无常""无我"对实体世界进行反思和批判,强调个体性的主体从主体和世界的纠缠中超拔出来,获得永恒的宁静和超越。而大乘缘起论所具有的"主体间性"特征，是对主体性的重新确认和超越，是个性的普遍化和应然的存在方式。

语言和行动是主体之间表达和交往的根本形式。缘起的"自他关系"，蕴含着规则、意义和价值——规则是主体之间的"现实一致性"，意义是主体之间的"可能一致性"，价值是主体面对他者的"反身性追求"。人们通过富有成效的对话，得以形成普遍的尺度和共同的视野——主体在互动行为中，彼此服从于"维持关系"维度的规则、意义和价值。

| 2017 年 1 月 23 日 |

缘起论包含三大要素：相关性、必然性与否定性。一切事物的本质是否定性——否定事物具有常住不变的本质；一切事物的现象是相关性，即事物存在于关系中；主体进入时间维度去观察事物，相关性即变成必然性。首先，佛教的因果律从存在论意义上说，有两种向度："因果同时"与"因果异时"。"因果同时"是指事物的相关性，"因果异时"是指事物的必然性。所以，真正的因果必然是前后异时的相关性。其次，佛教的因果律从伦理学意义上说，主要是有关主体的道德因果判断，即善恶业力的因果律。善恶因果立足于交互主体之间意志力量的比较，或者说主体的意志对他者意志的损益：损者为恶，益者为善。

从宇宙论角度来说，因果是某一时间支点的相关性，是有限理性范畴内的无限性；从存在论角度来说，因果成立的根据是事物自身的自我否定性，是无限的无限；从伦理学角度来说，因果是主体意志与行为的善恶判断，是在无限关系中追求有限的必然性。因果报应则是因果律的时间累积——通过时间的延长与业力的累积去观察因果律从原理呈现为现实的现象。

从佛教看科学的因果观，科学是有限理性范畴内的必然性，故其因果为宇宙论意义上有限的有限；从佛教看基督教的因果观，因为基督教缺乏自我否定性，其相关性与必然性基于上帝的绝对意志，故其因果为有限理性范畴的无限性，与佛教的宇宙论因果观相当；从佛教看道家的因果观，道家只有相关性缺乏必然性，谈自然多偏偶然，故其只有存在论的因果。

│ 2017 年 6 月 20 日 │

色不异空，空不异色。"色"是指一切物质的存在，"空"是指事物存在的真理，即无法自我规定性，"空"即空性。"不异"是"不离"，相关性"不离"否定性，否定性"不离"相关性；相关性依否定性而成立，二者互相成就，互为成立的根据；"不异"是"不一"，否定性为本质，相关性是现象。从事物的存在来说，否定性是真理，相关性是原理，假有是现象。因为主体观念的介入，相关性呈现为互相对待的差异，这种对待状态的差异是假有的。

假有是"相"，具有主体的维度；相关性、否定性是"性"，是真理的维度。只有在佛陀智慧的语境下，主体与真理合一，假有转化为度化众生的方便，才能将假有的"相"与空性的"性"合一。在凡夫的世间语境下，主体不能契入真理，"相"与"性"有别。

性空不碍缘起，成立；性空不碍假有，不成立。相关性、对待相、对立相（观念）的关系：因为主体的介入，相关性呈现为互相对待的差异相，即为对待相，故为假有；对立相是主体观念介入产生的二元对立分别之相，即"有执"的观念世界。

| 2018 年 11 月 29 日 |

人的存在是一种敞开和未完成的状态，其限度在于"关系"。随着存在活动的延展与时间的绵延，种种"关系"的"层叠"构成了存在的限度。人的存在永远是一种主体的无限性与"关系"构成的有限性之间的矛盾，在这种矛盾状态中，人即呈现出超越与沉沦的限度。真正的超越在于不断地观照"关系"的限度，并提升自我的主体性；而所谓"沉沦"，即

人迷失在"关系"的限度内，既无法觉察"关系"的种种运动，更无法体贴主体的自我关切。

人的生活从来都不是重复的，即使是看起来完全相同的故事，里面仍然有不同的人物；即使有相同的人物，仍然有不同的"时间"和"关系"。所以，人要在"时间""关系""主体""运动"中，去生活、超越、利他。

因此，生活和历史的主角从来不是单个人，而是种种"关系"；生活就是"关系"的种种运动，历史就是"关系"运动后的种种"层叠"。"关系"的最本真状态是"对待"——一种基于自他不同主体的差别。为了克服"差别"带来的矛盾与冲突，人类需要通过法律、道德等种种社会规范来抑制矛盾与冲突。

人的最大困境在于物理（时间、空间）上的"瞬息万变"，情理上的"是非纷争"，伦理上的"善恶难辨"，态势上的"吉凶难料"。有时当人处于是非、善恶、吉凶等"两难"境地时，某些居心不良分子将这种"两难"扩展为"恶意"与"错误"，而互联网无疑大大地放大了这种"恶意"。于是，世间的"两难""对待"，完全变成了不肖之人口中对立化的恶意、阴谋。谁人背后无人说，哪个人前不说人？"说"的类型包括谈理、论事、挑弄是非，因此，"说"要有道德、法律尺度，要有真伪之别，而不能胡说八道、毁谤他人。

人应该如何处理是非？丛林古训云："是非以不辩为清

白。"因为一切是非本是人的烦恼，属于世间的无常法、无我法，皆为浮云。因此，若有意辩解，辩解皆为"是非"的一分，徒增与加剧"是非"的争扯与对立，这属于无意义的活动；若通过法律起诉，纵然只是略辩是非，但是辨析是非的过程，仍然增加了是非的程度，这属于"杀敌一千，自损八百"的困境。因此，"是非"的真正解决，在于公民素养的提升、社会道德的整体提高、政府制度的完善，最终在于追问"天理"，相信因果的丝毫不爽。

因此，面对纷纭的是非、恶意的毁谤，且静观缘起，相信天理之必然、因果之不爽！故以唐代龙山禅师一首诗自许：

三间茅屋从来住，一道神光万境闲。

莫把是非来辨我，浮生穿凿不相关。

| 2019 年 7 月 7 日 |

生　活

诗作为生活，是生活的颜色；

诗作为文字，是笔画的韵律；

诗作为心声，是思绪的超越。

诗人是生活的想象者，是笔画的雕琢者，是思绪的飞
舞者。

作诗是彩绘生活，是雕刻文字，是畅想心灵。

读诗是共振心意，是共赏文字，是美化生活。

｜ 2017 年 10 月 21 日 ｜

烦

恼

篇

烦　恼

痛苦是人生最好的老师。"存在"的痛苦是自他关系的障碍与前后缘起的相续，前者执"无我"为我，后者执"无常"为常。所谓存在即痛苦，是因为我们永远无法超越关系的障碍与破除相续性，即陷入无尽的轮回。所以，生命的痛苦皆来自那个"执"，那个对痛苦的错误看法所产生的"执"。破执即解脱，这就是"度一切苦厄"，而非"度一切苦"。

人生的成长都来自对痛苦"执"的转变与提升，既需要"理"上的顿悟，更需要"事"上的渐修，在"历境炼心"中一点一点地成长。所谓成长，都是煎熬后的突破、黑暗中的曙光、困顿后的希望；既需要信心与愿力，更需要耐心与坚持，稳健、有力、持续，方有未来。所谓忍辱，既要忍苦，也要忍乐；忍苦才能有未来的快乐，忍乐才不会乐极生悲，故需要观照苦和乐的相对、无常与无我。

| 2017 年 1 月 23 日 |

所谓贪，即运动惯性的无法停止，无论是时间"生灭"的相似相续，还是空间关系"有无"的延展，主体的心因为运动的"共振"形成舒适感，而变成了对运动的"迷恋"；所谓嗔，即心理的运动惯性与现实运动无法"共振"，形成强烈的不舒适感；所谓痴，即主体在运动中迷失了，对时间、空间乃至运动的速度皆无法觉知。

| 2019 年 1 月 5 日 |

找不到手机，害怕失去世界；找不到笔，害怕失去自己。失去笔，再繁华的世界都不是自己的；失去手机，幸好还有一支笔，能静静地刻画出自己期待的世界。若有一天，我的手拿不动笔，或者我的世界不允许我再拿笔，我便消失在世间。

眼睛与手机是一样的。睁开眼睛，看到了这个世界；闭上眼睛，有时失去了自己与世界。禅者微闭双眼，在自我与世界之间。

| 2019 年 1 月 31 日 |

魔有三种：一、心魔。与佛性、真理、因果相违，受到情绪和欲望的困扰而波动不已；心魔是人的有限性，凡夫终非圆满，心魔难免存在。二、外魔。这是因关系对待、烦恼对立而生，自他关系终非圆融，难免有人际纠纷。三、共业之魔。这是共业所感的制度性漏洞，法律漏洞无法对治外魔，终让外魔逍遥于世间。因此，人行走在修道的路上，要不断地降伏心魔；推动制度完善与进步，以减少外魔。外魔难免，心魔终有，且行且伏且安住！

| 2019 年 7 月 22 日 |

权　力

　　权力是因果的意象，因果为实，权力为"拟"。官员要依因果而行使权力，才能名实相符。权力也是自利利他的方法，因此需要智慧与慈悲。官员行使权力，要怀有慈悲利他的情怀，更要有观察因果缘起的智慧，让每个人的业力发挥得适得其所。官员的个人利益只能通过制度获得，即工资；其他非制度的利益，如贪污等事，即官员创造因果，由于因地不正，所有的因果力量全部集中到一个人身上，直到官员的有限性无法承载这些因果力量，即审判贪污受贿之时。

　　人民仍然是根据因果而赋予当权者权力，制度是因果的形式；权力作为制度的力量，必须有主体的发挥，因此当权者的主体性是权力的根本。主体性体现在对制度的认可与观察、个体的情怀与视野，以及社会变化的规律中。

｜2018 年 2 月 25 日｜

修

道

篇

住山隐修

人是群居的动物，但是需要有适当的时间独处。有些人需要更多的独处时间，从而能从独处中变得更有智慧、更仁慈。——这是美国汉学家比尔·波特（Bill Porter）遇到中国终南山隐士后的感叹。他在《空谷幽兰》（*Road to Heaven*）一书中赞叹，隐士们是他见过的最幸福、最和善的人。自《空谷幽兰》出版后，中国社会各界逐渐意识到这一群体的存在，人们也不断地前往终南山"寻隐"，去追寻"独处"的乐趣——不是离群索居，而是获得更高的觉悟和仁慈，与大自然更为和谐地共处。2012 年，中央编译出版社出版了澳大利亚旅行摄影家巴里·斯通（Barry Stone）所著的《隐士的生活》（*I Want to Be Alone*），他在书中称："世界上没有哪个国家像中国那样鼓励、赞美和敬佩它的隐士和遁世者，也没有哪个国家像中国那样把避世独居的观念深植于它的艺术中。"同时，他认为中国隐士的动机和目标远比古欧洲、古印度更为宽泛——设法让自己沉浸于隔绝和思考中，以便获得更有价值的思考。

不仅是终南山，其实全中国的名山大川都有悠久的隐居传统，尤其是佛教、道教的名山。2014年春节前夕，云南省大理鸡足山的隐修茅棚因为遭到强行拆迁而引发了人们的关注。依佛教的传统说法，释迦牟尼佛大弟子迦叶入定在鸡足山；元明时期以来，鸡足山更是逐渐形成了以迦叶殿为主的八大寺、七十一丛林，从而成为佛教名山圣地。鸡足山隐修茅棚古来有之，住山僧与当地民众从来各得其所，相安无事。海拔三千三百五十九米的象王峰是茅棚分布的核心区。整个茅棚区的面积有一万五千亩，现有八个茅棚、三个山洞，常年有僧众住山修行。当全世界都对中国隐士们表示出无比的赞叹与崇敬时，大理州委州政府提出要大力弘扬鸡足山的"妙香佛国"文化，发掘其中的经济价值，将佛教旅游资源开发作为提升大理旅游品质的主要助缘。于是，大理州委州政府相关部门为了提升鸡足山的所谓旅游品质，不顾鸡足山千年佛教传统，拆除隐修茅棚，驱赶僧众，这一事件在网络和媒体上引起大众的议论和佛教界的反对，发展旅游经济和保持传统文化与宗教界自身利益之间的矛盾一时凸显出来。我们不禁要问：发展经济是为了什么？发展经济是否一定要消灭千年的隐居传统？难道现代文明的发展竟然容纳不下深山中的几个茅棚和过着简单生活的隐士？

拆除鸡足山隐修者茅棚区，折射出政府相关部门对住山隐修的个体精神、历史传统和社会意义认识不足。

住山隐修的个体精神意义

身处滚滚红尘，当欲望生活支配了我们身心的全部，便很少给心灵的反思、独处留下时间和空间；当智慧的反思跟不上欲望的膨胀，道德的提升无法与获取能力相匹配，物质生活的极度丰富与可怕的精神空虚便形成反差。失去理念和信仰，人生会缺乏安顿和归宿，便会永远"不淡定"；内心没有道德的"一杆秤"，行为就会无所顾忌。我们只能不断追问："信仰去哪儿了？""道德去哪儿了？"

反过来，住山隐修者本身便是信仰和道德的实践者，他们就是我们所追问的问题的答案。住山隐修的简单生活，清风明月的离世远尘，并不是一种诗意和理想；住山者反而要承受深重的孤独与贫寒，栖息在僻静无人抵达之处，或者在寺庙里忍受着喧嚣游客和琐碎杂务，可能无所事事。然而，他们拥有灵魂深处纯粹而坚定的一簇火焰，那就是坚持和相信自己的修行，那是信仰和理想力量的呈现。

无论是独处深山，还是深隐城市丛林，乃至"隐于宅"，都是对现实的一定意义上的反思。孟子所强调的"人之所以异于禽兽者"，我想无非是人的反思能力与行为的道德约束力，这是人类能够产生哲学、宗教、科学等文明的根本原因。面对自身生命的有限性与欲望的此消彼长，住山隐修者们安贫乐道，淡泊名利；他们特立独行，卓尔不群，始终能保持自持修行的坚忍，遵循品德和良知，将生命化成清香简单的兰花；他们乐山乐水，悠闲适意，在幽深僻静的山谷，给自己和别人留下一片清净天地。难道这样的生命实践不值得我们去赞叹和尊敬吗？实现经济发展的根本目标，就是给所有人的生命选择以自由与尊重，而不是以驱赶海拔三千多米高的住山隐居者为代价。

住山隐修的历史传统

隐修是世界各大文明、宗教的共同现象，如天主教的隐修传统，以埃及的圣安多尼为代表，他们抛弃世上的荣华富贵，离开自己的家庭，到沙漠中专务祈祷；隐修的目的，就是舍弃世界的种种享受，而把自己完全奉献给天主，并靠着体力劳动养活自己。儒家经典《中庸》说："道也者，不可须臾离也，可离非道也。是故君子戒慎乎其所不睹，恐惧乎其所不闻。莫见乎隐，莫显乎微，故君子慎其独也。""慎独"是人们因害怕丧失自我的人格，而选择真正严肃地面对自我。所以，在中国传统社会里，"穷则独善其身，达则兼善天下"是中国知识分子的共同理想。

　　佛教的隐修传统承自印度宗教传统。释迦牟尼佛初出家时，也曾随诸仙人在苦行林中苦修六年。后来，他觉悟到苦行并非正道，于是舍弃苦行，在菩提树下坐禅开悟。然而，佛陀并不否定苦行，他只强调苦行的本质是放下欲望的烦恼。佛陀的大弟子迦叶尊者——第一次结集的召集人，就是著名的苦行者，他住在乱坟堆，日中一食，穿着死人丢弃的衣服，获得了佛陀和僧团的尊重。从修行方法来说，禅定的修行非常需要周围寂静的环境，所以"隐修"对佛教修行者来说，是天然的需要。如禅宗初祖菩提达摩来到中国，隐居在嵩山禁语壁观；唐代天台山国清寺，曾有丰干、寒山与拾得三位奇僧，他们被称为"三隐"，留下优美、智慧的诗偈数百首。又如诗云："千云万水间，中有一闲士。白日游青山，夜归岩下睡。倏尔过春秋，寂然无尘累。快哉何所依，静若秋江水。"诗中的奇骨、清韵、雅致，将隐修的乐趣与境界全然呈现出来。

　　鸡足山相传是迦叶尊者入定的地方，历代许多修行者都继承大迦叶尊者倡行的头陀家风，住在树下、冢间、茅棚、山洞等寂静处。千年来，住山僧与当地民众从来各得其所，相安无事。根据联合国教科文组织《保护非物质文化遗产公约》的定义，"非物质文化遗产指被各群体、团体，有时为个人视为其文化遗产的各种实践、表演、表现形式、知识和技能及其有关的工具、实物、工艺品和文化场所。各个群体和团体随着其所处环境、与自然界的相互关系和历史条件的变化不断使这种代代相传的非物质文化遗产得到创新，同时使他们自己具有一种认同感和历史感，从而促进了文化多样性和激发了人类的创造力"。因此，鸡足山的茅棚区和隐修僧，乃至各大隐修聚集区，都应该被视为"非物质文化遗产"而加以保护，而不是被拆迁。

2013 年，国家宗教事务局联合十部门发布《关于处理涉及佛教寺庙、道教宫观管理有关问题的意见》，明确了旅游和经济不是宗教的主要社会功能。改革开放以来，海外佛教界等相关机构与人士为了恢复大陆佛教道场，捐钱修缮寺院，佛教也为促进社会经济发展积极努力并做出了重要贡献；然而，佛教的社会功能应该是安抚心灵、倡导社会道德、慈善救济，佛教界要集中精力去从事弘法、教育、文化、慈善、国际交流等，而不应该去配合地方发展旅游经济。所以，尊重佛教界的历史传统，遵守中央政府有关部门的法律法规，保护鸡足山的隐修传统是大理州的责任与义务。

住山隐修的社会意义

隐修不仅是一种历史文化传统，而且对于当今的中国有其社会意义——除了给予个体以精神解脱的作用之外，更具有供大众反思参照的精神意义和现实影响力。住山隐修对社会各界和普通大众来说，一方面，能让大众看到中国传统精神的真实实践，所谓"有道则见，无道则隐""达则兼善，穷则独善""逍遥自由，远祸保身"，是大众理解中国传统文化活生生的"教材"；另一方面，他们的生活方式本身便是对充满欲望的世俗生活方式的一种"批判"与"警醒"，让大众从他们身上能够反思自我生命的不足，从而愿意去改变自我，提升自我。

中国历代的文人、士人、商人与山中的隐修者都有良好的互动关系，"寻隐"本身便是反省自我、改变自我的很好的途径。信仰需要"榜样"，社会需要"引领"，心灵需要"反思"，住山的隐修者本身就是一种"榜样"，是心灵反思的"参照系"，为社会大众心灵的安定与道德整合提供了很好的参照作用。

尊重有信仰的人，保护千年的隐修历史传统，多给国民的精神生活提供一方净土，给隐修者提供安定的修道家园——这应该也是社会主义核心价值观的体现与实践，值得有关方面反思与借鉴。

| 2017 年 6 月 12 日 |

做 事

　　缘聚缘散的人生，"无明"是主体与世界的纠缠，"情绪"是观念与关系的"幻相"的纠缠。在缘起的纠缠中，世界呈现出限度内的独立与相关，因此主体是有限的，世界是有界限的。有限的主体安顿在有界限的世界中，需要用限度来理解现实——"自我"即主体的限度表达，"世界"需要用法律、道德、伦理来规范。理解"自我"的有限性，接受自己的"私心"，那是留给自己的一缕阳光；理解"世界"的有限性，接受别人的"私心"，那是留给世界的一缕光明！

　　做事需要付出"时间""精力""关系"成本——通过时间的消耗，成就新的空间、事件与关系；通过精力的耗费，在付出中解构自我，成就新的"意义自我"；通过关系的活动，打破旧的情感与价值认同，成就新的情感与价值。所谓

消耗与耗费即是成本，新的时间、空间、情感与价值即是
成就。

｜ 2018 年 12 月 9 日 ｜

　　做事，是缘起实践脉络的展开，它包含两个重要层面：
框架与细节。所谓框架，即建构缘起的"时间""关系""事
件""主体"等四大要素。"事件"是"关系"在"时间"
中的运动；"主体"的价值与意义是做事的根本；能够看到事
件运动的方向即为视野。所谓发心正，即能够清晰地创建自
己做事的价值与意义；掌握事件运动的基本要素，即拥有一
个完整的框架。建立框架是做事、做人的前提与根本，其核
心是价值、意义与视野。若价值错，做事即为恶因缘的开始；
若意义无，很难有做事的驱动力；若视野窄，便会"坐井观
天"。细节是"时间""关系""事件""主体"的种种纠缠
与叠加，能进一步看清，能进一步体现，这是主体的境界与
智慧不断提升的过程。

　　框架是枝干，细节是绿叶。若无框架，只注重细节，便
迷失在花花草草的琐碎中；若无细节，框架便很难圆满。因
此，建立框架是根本与基础，注重细节是做事的关键。

｜ 2019 年 2 月 16 日 ｜

联合国经济与社会理事会大厅，2019 年 2 月摄于美国

　　在做事过程中，必定会产生利益，利益包含着因果性的
必然之理与主体性的价值关切。利益是"事"经过"循理"
后所产生的一种现实效用，即"事"成为一种可见的、可拥
有的"利益事"。

｜2019 年 4 月 15 日｜

　　在缘起的自他关系中，"做事"是关系的活动过程。做事
必有对错，对错自有标准。是非公道自在人心，人心必有偏
差，故是非必然纷纭。所谓了无牵挂、心无挂碍，并非没有

对错，而是真诚、真实、认真地面对事情的对错，同时也放下别人"心"与"嘴"里的是非。

在缘起的关系限度中，主体是有限度的，其存在必然受到他者的限制与约束。圆满只是人生的理想向度，是一种方向的维度。在现实人生里，只能接受与"活"在一种有缺陷的人生中，而不追求完美的人生。真正、真实的圆满人生，必然包含着缺陷，是一种充满圆满与缺陷的悖论、张力状态的人生。完美是人生的欲望，圆满是人生的理想，缺陷是人生的现实。

信心、愿力是主体的动力，是存在的勇气，是一种面向人生与世界的向上动力，具有一定的时间超越性。信心坚定、愿力坚强，是指一种超越现实的历时性的力量。真诚、坦诚是主体面向世界的真实态度，是存在的态度，是主体对世界的敞开，真实地拥抱了世界。

人具有一种内在超越性，才能有信心去面对"事"的对错；认识到"事"的因缘与价值后，才会在"做错事"后，仍然有愿力、无怨无悔地去"做事"。同时，人在主体与世界的纠缠中，正是通过这种内在超越性，才能主动向世界敞开，将主体主动地投抛入世界中。因为信心与愿力的力量，主体在纠缠中才不会沉沦；因为真诚与坦诚，主体才能够与世界上的所有他者共在。对错自有标准，是非自有公道，人心自在时间，差别而不障碍——世界因此呈现出"差别即平等"的理想图景。

| 2019 年 5 月 26 日 |

讲　理

　　"法"是"理"，正法（即证法）作为绝对真理，是超越时空的"证理"；"教法"作为真理的语言与教化，彰显应机设教的"教理"；"事法"作为真理的"事"，彰显作为关系和主体的展开过程。

　　"事法"分为"物之事""人之事""人间之事"；"事法"有其"事"的真理，亦有相对应的理。"物之事"即一切事物，其理为"物理"，为"自然之理"；"人之事"即人作为主体的活动，其理为"情之理"（情理）与"性之理"（性理）——情理即人之七情六欲、喜怒哀乐等情感活动之理，性理即人作为认识主体的必然法则和形而上学规定；"人间之事"即是人的社会活动，展开为人与人之间的交往，表现为人的做事和处事，其理为"伦理"，即人的当然法则和道德规定。

"事法"之外则为人之外的"天",其理为"天理"。"天理"与"证理"的形式相同,皆为超越时空的永恒、绝对、普遍真理;二者追寻手段相同,皆源于追问的反思。"天理"在承认理性有限而无法认知后,其不可知部分则为"天命",形成一种封闭式的循环。"证理"依凡夫与圣人的向度,在接受凡夫的有限理性后,而呈现为开放式的可能性,表现为凡夫觉悟证真的可能性。

人作为主体,面对一切事物,要穷究"物理";"物理"亦是"天理"逐渐呈现的过程,人要认识事物的内在规定和普遍法则,即人要学习科学,承认"物理"。承认"物理"亦有人不能改变的原理,亦即承认人理性的有限性。

同时,人作为主体自身,是融汇情感、意志、认知为一体的灵性动物。认识人的"情理",亦要反思自身的情感活动,推己及人,体贴"人同此情"的共振原理。"性理"是人之为人的形而上学规定,上接"天理",下接"物理";内涵为"情理",外现为"伦理",是法界事理的中心,是"佛性""心性"的根本含义。"伦理"以人与人之间的交往为背景,因为人要实现社会性的生活方式,必须为别人的存在腾让出空间,依"共在"而接受主体存在的有限性。依"情理"而推出"共情",依"共在""共情"而"共理",即是伦理。依伦理、情理而有"情义",情义是人与人交往中产生的情理与伦理认同。

因此,人在"做事"中做人,即发现物理—表达情理—

觉悟性理—遵守伦理—观照天理的过程，"理"的圆满觉悟即是"人"的圆满，这就是"证理"的过程。"理"皆有两种维度——主体性与因果性，前者为当然法则，后者为必然法则。"物理"是事物的因果必然性法则，而为何发现此物、为何使用此物，皆包含有主体性的当然法则；"情理"亦有"情"的运动轨迹，如何表达情感，如何让情感合乎时宜，亦是主体性的价值；"性理"则是主体性与因果性的完整统一。人与人之交往，因为性理、天理"共振"而形成必然性的约束力，故承认彼此的权利与价值，从而表现为社会的必然法则，即因果性。

做事即是认识"理"的过程，有三种路径：循理、讲理、悟理。三者皆以一定的"理"的把握为前提，即承认理性和自由意志的作用。

所谓"循理"，即观察"事法"展开的时空因缘，发现"理"的不断呈现；同时，依前人的经验与教导，将所学的知识运用到现实时空的"事法"中，从而实现活动的、具体的、鲜活的"理"，即普遍性的"天理"呈现为物理、情理、伦理。在"循理"中，作为教育的"学"具有至高无上的作用，学而时习之才能"循理"。

所谓"讲理"，即人与人交往，容易受自身情感与观念的限制而堕入封闭式的自我，失去人作为"交互主体性"的特点，所以就要"讲理"。"讲理"即通过对话、沟通，共同认识必然之理，相互关切彼此的主体性不同价值。"讲理"的前提是认可世界有"天理"和"证理",然后通过辨析物理、觉察他人的情理,认识到社会的共同伦理关切。人与人之间因为"共在"而呈现出"共理"的状态。

进而,通过"讲理"而进入追问式的反思,发明自己的"性理"。宋明理学所说的"发明本心"、禅宗所说的"明心见性"即"悟理"。因为,"天理"不可问、不可讲,"证理"不可说、不可思议,觉悟的证入成为唯一的途径。

| 2019 年 4 月 15 日 |

随　缘

　　"随缘"是随顺时空因缘而动，是有主体性的运动，即有主体的价值意义。随缘意味着主体在不同的时空有不同的价值意义。

　　时间上的随缘即主体依事情的不同阶段而处理态度有"序"——事前、事中要认真：事前要认真筹划，汇集种种因缘；事中要认真运作，善待种种因缘；事后已成过去，则放下而不较真。因此，事情的随缘是要认真而不较真；事后认真即较真。

　　空间上的随缘即主体依不同关系而情感表达有"度"，即礼仪。空间意味着关系，关系的随缘要遵守礼仪，不同的关系要有不同的表达，相同的关系在不同的时间也要有不同的表达。因此，关系的随缘要守礼、守法而不乱，善待因缘而不错失。

　　所谓随缘而不变，即主体在时间、空间、运动中要有自己的理想、意义，坚持生命的主体性；所谓不变而随缘，即主体在坚持自己生命的理想与价值时，能够随顺时间、空间的关系而运动，循时、依礼、守法。

| 2019 年 2 月 2 日 |

人际关系

　　人际关系中的烦恼很大一部分来自"分别心"，以及对分别心未加反思的"执著"。于世间种种差别中生起高下之判断，就是分别心；于这种分别判断中又生起好恶之情绪，在未经反思整理的情绪牵引下行动，就容易失当。

关于分别心

　　事实上，世间的差别源于不同的因果，缘起而成，本质上皆为空，并无高下之分。"事事无碍"中的"事"是差别的意思，"事事无碍"也就是在种种差别中圆融无碍。这里需要知道，在日常的生活中，我们依然会去判断"行为是否恰当""事情怎么做比较好"，乃至于判断政策、制度、文化传统是否良性——这种判断也是合理的，因为这是出于人们生活的方便而进行的，目的在于让人们更好地安住于世间。需要注意的是，所有判断都是基于一定背景、历史、立场去进行的——高下、优劣之分只有进入历史、进入某个系统才能发生，并不是与事情本身同时产生的。换言之，优劣并不是事情的属性，而是人基于某种视野而外加给其的主观判断。判断一旦产生，必然遵从某种立场，只能部分反映事实。——从这个角度来说，所有的判断都是"偏见"，即从某个侧面产生的有限见解。判断只是逻辑的活动，逻辑无法反映无常、无我的关系，只能带来僵化的关系认识，这就是偏见。所以，当我们做出某个判断的时候，仍然需要保持对其的怀疑和反思，保持开放的思维，接受其他判断的可能性，这才是对世界、对真理、对实相的谦卑，也是胜义谛所要求的态度。

关于对人的评判

判断的时候，还需要注意：能判断的是事情，对人则要避免进行判断，也就是常说的"不要去 judge（评判）别人"，这是慈悲的要求。人的行为方式由历史的缘起而成，如果能理解认知一个人的缘起，也就能接纳其当下；在我们没有机会去具体观察一个人的历史时，也要保有"缘起"的观念，这样才能够以慈悲之心待人。慈悲是真正的"爱"，因为爱首先是给而不是得。爱是能力，而不只是立场。哲学家弗洛姆认为："获得爱的能力的主要条件是克服自恋，自恋倾向……的人体验到的现实只是内心活动，主要是他们自己的贪婪和恐惧。"真正的爱只有一种，那就是博爱，也即慈悲。"爱"这种能力是与生命之成长相关联的，爱的要素是"关心""责任""尊重""认识"等等。对某个个体真正的爱一定是以对全体人的爱为基础的，因为你只有有能力爱所有人，才有能力爱某一个人。很多宣称为爱的关系，有时只是自我的扩大，是小型利益共同体的结成。保持自我觉知，训练对缘起的觉察，养护善念，是走向爱之能力的第一步。总而言之，人是"他者"，不可能真正被理解与认识，所以要用慈悲与爱来对待。

关于人际关系

进入什么样的人际关系，除了与自身的选择能力相关之外，经常也受外在因缘的影响。对于我们能选择的部分，要争取在自我的观照中成长，在经验的历练中获得智慧，以便做出正确的选择；对于无法选择的部分，就要改变我们对关系的认知。

不管怎样，碰到不适的关系，掉头就跑是一种懒惰的处理方法，本质上不能真正解决问题。因为能逃离的只能是某

一段具体的关系，而人若未能修得圆融的智慧，在任何关系
中都会烦恼。人只要活在世间，就一定会跟人产生关系。总
是以逃跑来解决问题，就像用止疼药来治病一样，形成的是
不能真正解决问题的错误路径依赖。比如游泳，只有在水中
才能够学会游泳，游泳的时候，需要做的是让四肢、呼吸、
肌肉运动协调起来，在水中求得平衡与自由，逃到岸上是没
有用的。处理关系也一样，需要做的是在关系中找到自己正
确的应接方式，而不是逃离关系。

　　我们应该做的是观察关系的缘起，观察关系中人的缘起，
在关系中修行。不同的关系，要有不同的反应机制；不同的
缘起，要有不同的认知模式，从关系的差别进入认识的差别。
认识这种差别的时候，可以使用类型法，将自己所处的人际
关系归成七八个类型，思考每一种类型的处理模式，这有助
于自己在面临具体情境时迅速定位，做出基本的判断；再关
切现实的时间和空间，让模式和当前的缘起结合起来，然后
再做出合适的反应。这就是儒家的"爱有差等"，是操作层面
上的智慧。

　　做人学儒家，在亲疏远近中求适宜、恰当；做事学佛家，
慈悲、智慧、精进、自利利他；生活学道家，因顺自然，有
审美情趣。三者合起来，是菩萨道。

信仰与学术

如何理解信仰?

信仰可以从狭义和广义两个维度来理解。狭义的信仰专指宗教信仰,而广义的信仰则更接近稳定、持久、强烈的信念,其可以是哲学式的,也可以是艺术式的,具有普遍意义。宗教信仰是在宗教框架之内所确定的信念体系,是信仰的一种形式。广义的信仰往往更具有私人性,而宗教信仰则经常是群体所共享、互相印证的信念体系。

所有信仰都会有一个共同的指向:"生命的安顿"和"生命的超越"。"生命的安顿"解决的是现时存在方式的问题,需要对"我要如何来度过这一生?"做出回答,其观照的是生命之有限性。"生命的超越"解决的是意义的问题,需要对"我生命的意义是什么?"做出回答,其指向的是生命的无限维度,关切的不再只是一己之身,而包括更为广阔的天下、众生、世界。只有生命具有了超越的、无限的维度，其现时之安顿才会拥有方向感。如果没有超越的维度，没有对意义问题做出反思和回答，那么生命的格局就只局限在当下，生活的安顿很容易变成生命的沉沦。——所谓沉沦，指的是缺少反思和关怀的生命，任由是非分别、我执傲慢及种种负面情绪生长，人被卷入烦恼泥淖不能自拔，彻底沦陷在现时生活的琐碎和分别中。

而当人开始关注、思考和试图回应上述两个问题的时候，就对生活拥有了一个审视、反思的视角，这个视角的打开，是走向解脱的必由之路。佛教信仰体系中，"生命的安顿"和"生命的超越"这两个维度得到真正的完成，就称为"解脱"。"解脱"这个表达方式有实体化的倾向，很容易造成误会，让人觉得好像是要逃离当下的生活、逃离人群、逃离世间，到达某个纯粹洁净的时空。实际上，解脱并不是要从世间逃离——如果逃离才算解脱，那么逃不掉该怎么办呢？信仰指向无限，但其实践则关涉现实的缘起。真正的解脱是在具有超越维度的前提下，安顿于当下、现时的世间。出世并不是从世间逃离，而是保持对当下、现时之存在状态的审视和反思。安顿、超越、解脱都是信仰的理想状态，这种状态并不在另外一个空间，达到这个状态也并不是一个"推门而入"的过程，所以才有"无门关"之说。

"信仰者"和"解脱者"是有区别的，"解脱者"是

"信仰者"的终极完成形态，是"信仰者"的实践方向。换言之，"解脱"是一个遥远的目标，或者是指引的方向，而"信仰者"只是一个"在路上"的状态。所以，信仰者显现出种种烦恼、分别状态，是很正常的，因为一个人选择成为"信仰者"，只是意味着他确定了前进的方向，立下了宏愿，并打算通过修行去不断进步，不断趋近最终的解脱理想。

修行的过程中，人不太可能长期处在无忧无恼的状态里，"牵绊不断、烦恼随行"是正常现象，而对这些烦恼、牵绊的认知和处理也是修行的一部分。通过修行，人能够"觉知"到烦恼的存在，观察其缘起，能比较快地降低烦恼的干扰程度。烦恼不断地生起、修行者不断地对烦恼进行观照的过程，就是所谓"林下水边、长养圣胎"的磨砺过程，是对解脱之心的训练过程，是信仰的建设和强化过程。在这个过程中，人处理烦恼的能力会变强，对烦恼的承受度会变大，被烦恼困扰的时间会变短，这就是"事上磨砺"给人带来的成长。在此成长的过程中，人的心胸会扩大，视野、格局会拓宽，思考问题的方式会发生变化，自我安顿的能力会越来越强，自他关系所造就的空间也会越来越大，承担责任的能力也会变大。这意味着，在牵绊和纠缠的磨砺中，人依然可以拥有超越的维度，在有限的生命中，实现对无限的关怀。

信仰需求的强弱与生命阶段有关

信仰的生起需要一个过程，也需要合适的缘起，信仰的不同阶段会呈现不同的样态。一般来说，真正的信仰需求大约从四十岁开始具有。四十岁之前的人，大都在欲求牵引下生活，对现实的困惑还不够强，对痛苦的体验还不够多，承担的责任还不够重，自他关系所形成的天下也不够大，因此并不一定需要更强的力量来支撑生命。换言之，对于他们来说，即使没有信仰，自我和世界也能构成一种平衡，因此，信仰的需求就比较弱。

所谓能力越大，责任越大；反过来，责任越大，对能力的需求也就越大。这个能力指的是从思想信仰到现实实践的所有能力，包含自我生命安顿的能力、生命超越的能力、组织的能力等等。能力和责任之间会呈现出动态的匹配，如果能一直维持这个匹配，就能够达到平衡与相应。除了个体自身的反思和调整之外，社会制度、规范、习俗、法律本身也会帮助个体去维持这个平衡。四十岁以后的人是信仰需求比较大的群体，因为他们所承担的责任很重，所以需要信仰增强他们的能力，来帮助安顿生命，确立意义感。

如果人在成长过程中缺乏反思和自律，不思考如何维持能力与责任之间的平衡，只是任由欲望生灭，那么当自我出现虚脱，无力维持他所拢起来的世界时，这种不平衡就会引起痛苦，处理不当时，人可能会走向堕落。贪腐往往发生在四十岁之后，因为贪官往往身居高位，其所承担的责任很重，当人到中年，身体机能老化、欲望消退、自我萎靡之后，狭小的自我已应付不了已经构建而成的大世界，容易产生虚无和恐慌感。面临这种虚无恐慌时，人出于路径依赖的本能，常规做法是去寻找新刺激源，生发新的欲望，回到原有的"欲望生起—追逐—欲望满足"的模式，这是用一种错误的方式来解决自我和世界之间出现的矛盾。

如何在生活中体现信仰？

信仰并不是在生活之外独辟一个领域，它内在于生活，体现在个体每一次起心动念、每一处进退往还中。信仰者往往会有一个固定的安顿指向，或者说一个比较常用的安顿路径，这个路径包括思维方法、信念体系、力量来源等等。对于佛教徒来说，其常用的安顿路径可能是观照心念、思维缘起、依赖佛法僧体系、相信佛法的智慧和力量等等。其信仰维度具体体现在：时时刻刻保持自我观照、自我觉察、自我约束，保持对自身真实的感受、情绪、念头的觉知和接纳；保持对种种心念之缘起的思维和考量；保持对"利益众生"这一理想和方向的坚持和把握。

虽然信仰者之间有相似性，但具体来看，每个人的信仰图景还是不一样的，这个图景包括如何认知自己的生活，如何在其生活方式之中、对世间和自我的认知之中呈现信仰的维度等等。在走向真理、走向觉悟的道路上，不同个体可能有高低先后之程度不同，这种信仰的程度、出世和入世的程度不能简单以出家或在家来衡量。出家和在家只是生活方式和修行途径的区别，关涉的是不同个体所遭遇的生活缘起，也关涉不同个体在这些缘起基础上所做出的生活选择。——通过个体所呈现出的表面生活形态来判断信仰程度，未免过于简单粗暴。

生命中可能会碰到特别难以解决的烦恼，如夹缝生存的艰难处境、纠缠难清的情感体验、恶缘生成的人际关系、惨痛的人生境遇等等。这些事情，对于生命成长来说，既是挑战，也是机遇。处理得不好，会导致生命沉沦，深陷烦恼之中不能自拔；处理得好，会帮助拓宽生命的广度和深度。痛苦能够帮助人从庸常的俗世生活中抽离，从习以为常的视角中转移，引领人去"注意"到存在，去思考生命、世界、自我、他人。强烈的情绪体验是信号灯，指示着人的弱点，也激发人的潜能。众苦逼迫，无可逃离，让人不得不回过身来，审视自己，审视世界，分析因缘，寻找出路。所以，在智慧观照的前提下，痛苦可以变成生命的财富。烦恼的程度越重，在生命中产生的动荡越大，越有可能成为成长的重大因缘。因为强度比较大，所以这些烦恼很难被忽视，也一时难以消散，人不得不一次又一次地回到它，面对它，它就越有可能成为转识成智的机会窗口。越是在这样的处境和事件里，越需要保持清醒和自律——换言之，要观照、认知、接纳，在智慧的牵引下，在"林下水边、长养圣胎"的反复打磨中，一点点打开视界，拓宽生命的格局，走向智慧圆融。

一个佛教信仰者比较好的状态，应该是"无目标"而"有理想"。"无目标"意味着对生活、生命将要呈现的状态没有执著和贪恋；"有理想"意味着担当和使命的维度已经打开，生命有方向。目标的设定经常意味着局限，限定了自己的格局，往往增加执念和焦虑；而理想则是开放的，以一种更为辽阔的思路来面对人生和世界，提供热情和动力。概言之，在立足于现实的前提下，有理想图景和理想动力；在自我的生命维度里，有关切天下的情怀。在这基础之上，尽自己的能力，做一点事情，既脚踏实地也心怀理想。

学术与信仰之间的张力

学术的本质是对人和世界进行探究，构建尽可能精确和完备的知识体系。学术研究的"专业化"发生于近代，然而这种"探索"在人类历史的早期就已经发生了——原始宗教的巫术可以看作原始的知识形态，道教的炼丹术也可被视为初级的科学实验尝试。东西方文明的开端都未能脱离原始宗教形态，宗教在早期还曾对知识的传播起到推动作用。

随着历史进程的展开，学术和宗教逐渐分化，并在不同阶段产生了矛盾和冲突，比如中世纪的基督教对学术的迫害，中国禅宗倡导的"不立文字"等。中国佛教一向有"教下"和"宗下"之分：前者强调思想、义理、观念；后者重视具体的修行，对学术则常有拒斥和批判。产生这种张力的一个原因在于，宗教信仰自身就包含着"可说"和"不可说"两个部分。思想义理是"可说"的，而修证体验则有很强的"不可说"色彩。

但学术和信仰两者并不存在本质的冲突，它们虽有实践路径的区别，却有共同的指向，即"生命的自我安顿"和"生命的超越"。在"生命的超越"之维度上，二者都包含着对天下的情怀。换言之，学术和信仰都有自我关怀和关怀天下的维度。本质上，它们都走在同一条路上：自成成他，自利利他。

学术需要信仰或者信仰情怀

虽然指向同一个终点，但学术和信仰仍存在实践途径的区别。从整个人类文明发展史来看，二者一直交互激荡，彼此规限，也彼此促进。

学术研究者不一定是信仰者，但是一定要有信仰情怀，也就是汤用彤先生所讲的"同情之默应，心性之体会"。"同情之默应"要求学术要有鲜活的生命图景之呈现，要有真正的热情和生命关怀，这样学术才会有力量，有感染力。所有文献背后的具体个体都是有生命的，学术研究者在研究过程中要理解文献背后的情感运动轨迹。如果没有"同情的理解"，就容易忽略或者否定背后的这些鲜活的个体，具体的人就变成了统计学中的抽象数字，学术便落入工具理性。学术研究者无法"感知"到研究对象的生命，学术成果就完全变成无生命的逻辑呈现。这种工具理性下的学术框架都是比较小的，因为其只有骨架，没有血肉。"心性之体会"涉及的是学术研究者自身的生命安顿问题，要求学术研究者在自我生命安顿的过程中加入关怀天下的维度，在学术研究工作中对学术的意义有反思，要从工具理性上升到生命安顿和生命超越的维度，这样的学术研究才会有力量，才能够给世界带来尽可能多的正面影响力。

具体来说，当学术研究者的一篇文章写完，是写了一篇好看的文章，还是一篇自己喜欢的文章？你的喜欢是来自知识的傲慢还是源于生命的关怀？文章之"好"，是因为自我生命的贪恋，还是因为其与生命安顿和生命超越相契合？对于学术研究者来说，这些问题应该常留心中，时时自省。

学术研究和宗教信仰都涉及责任问题，这个责任的学术化表达可以是"为天下立心，为生民立命，为往圣继绝学，为万世开太平"，而宗教化表达则可以是"地狱不空，誓不成佛；众生度尽，方证菩提"。

信仰需要学术进行规范

信仰并不是一个完全私人的事情，它具有公共的维度。以佛教徒为例，"佛教徒"这一身份首先是一个自我规定；在进入现实的宗教图景之后，信仰就有社会规定的维度，比如要皈依三宝、遵守戒律、有宗教生活等等——个体的信仰需要社会维度来进行监督和规范；作为群体信仰之归依的宗教也需要学术的公共理性来进行把关和规范。

"天下""众生""世界"等概念如果未经过公共理性的检验和考量，很容易被人利用，成为膨胀自我的工具。换言之，借"利益众生、造福天下"之名来敛财聚名，以实现自我的扩张，"天下""众生"等概念则成为迷惑他人的假象——这就是邪教、极端分子、传销组织等的本质。

邪教与正统宗教的根本区别在于，邪教主导者的背后驱动力是欲望、名利心、控制欲，而非对世间的真正关怀。邪教利用了信仰的心理运动模式，让追随者走向坚定的认同，给予极端的投入，在种种心理技巧的运作下，追随者与主导者的意愿同轨，成为主导者实现个人意志的工具。要分辨信仰者的信仰维度是否正义，首先需要拷问的是：他做这件事，是为了他自身，还是真的为了天下的福祉？

人是有限的存在物，即使是伟人，也很难完全避免"私"的维度，所以除了修行者自身保持清醒和自律之外，还需要社会提供监督和规范机制。换言之，信仰必须要被放置在公共平台上，接受理性的检验。天下的情怀，必须有公共理性的规范作为约束——它自身需要在公共理性的监管下进行自我约束，而社会制度则给它提供一个方向的规范和底线的保障。

即使只从个人修行的角度来说，信仰也需要公共理性和学术规范的检验和考量，否则信仰就不可检验、不可确认，成为"不可说"之事；信仰者也成为孤独者，即便他真的实现了自我解脱，也无法打开天下的维度——只能自利，无力利他。更糟糕的是，如果没有公共理性的检验，信仰者走错了方向，走火入魔了都可能无法自知，因为没有公共理性就不能产生参照系，也就很难对自身的进度、状态做出正确的判断。

如何保证信仰团体的健康发展？

团体在发展过程中大规模地、有意向地规划一些事情时，除了考虑整体的利益之外，也要兼顾到个体的价值和福祉。在组织的建构过程中，个体的价值需要受到什么程度的关怀，怎样在保证个体独立性的同时完成共同的事业？——这是需要思考的问题。组织的建设到底是事业发展的必要途径，还是权力运作的环节？——这是需要时时警惕、观察的问题。好的团队中，各成员之间的关系呈现为既独立又相关的状态。——个体的缘起得到尊重，个体的价值可以彰显，同时大家又能够合作流畅，有共同的事业。

好的团队和坏的团队也会有一些共性，比如高度的内聚性、成员对组织的忠诚和投入、领袖人物的权威性等等。差别在于，健康的好团队的终极指向一定是天下、众生的维度，其事业的目标是大众的福祉而非私人的利益；而传销、邪教组织等的共同本质在于，它们都是通过抽干底层成员的血液，来喂养上层的欲望。传销和邪教组织呈现为一个金字塔的结构，这种金字塔结构是有意为之、刻意塑造的，目的就在于可以由此利用底层的生命力量，来实现上层的自我扩张，以服务于上层的贪婪和恐惧。——这种团体对于参加者、对于整个社会都是有害的。

要保证信仰团体的健康发展，首先要求领袖人物对自己的欲望有清晰的认识和合理的规限，要有意识地防止自我的扩张，这样才能保证追随者不至于被吞没，保证追随者自身的生命价值得到彰显。——需要意识到，不管是领袖人物还是追随者，本质上都是皈依于"法"或者"道"，所以要强调这个绝对存在的维度，而非强调个人。领袖人物只是同伴或者引路人，引导追随者共同走向"法"。"法"是绝对的，而人是有限的。需要警惕的是，在领袖人物的影响力之下，追随者的独立性可能会被削弱，甚至会被极端化——放弃自身对生命的责任，完全听任领袖人物的指挥和安排，不管这种安排是出于公益还是私利。这就需要领袖人物有足够多的清醒、理智和自律来阻止这一过程，主动鼓励追随者发展自身的独立性。——这是领袖人物对"法"之坚守的体现，既有助于防止自我的扩张，也是对追随者真正的保护，是对团队自身和对整个社会真正的担当。除了团队的自我约束，也需要社会制度来进行监督和保障，因此，组织一定要放在公共理性中进行检验，这样才能够防止方向的偏移。

如何理解佛教哲学？

在"佛""法""僧"三宝中，佛陀代表的是"不可说"的觉悟境界，而法宝和僧宝代表的是"可说"的思想义理和宗教组织架构。佛在世时，"佛""法"是合一的。佛陀作为觉悟的代表，是信仰之"不可说"维度的实际呈现，因此这一时期佛陀处在最高地位，是信仰的核心。佛不在世了，"不可说"的觉悟境界和"可说"的思想义理之间出现张力，最终"法"的地位上升，成为整个信仰的核心，"佛"则取得象征性的意义。"僧"一直是这个信仰体系的实际维护者和实践者。

佛教哲学，不只是从佛教中提取资源来服务于哲学，也不只是以哲学的方式来疏解义理以服务于佛教，而是在"不可说"之信仰和"可说"的义理之间取得一个动态的平衡，也就是所谓的"契理契机"。近几十年的佛教哲学研究，传统上以西方哲学框架——如本体论、知识论、修道论——来整理佛教义理，我们的一个计划则以四谛为框架重新整理佛教哲学。苦谛包括存在论、真理观、语言哲学等；集谛包含心灵哲学、政治哲学等；道谛中有实践哲学、工夫论等；灭谛要讨论意义哲学，解决有限和无限之关系、无限如何描述和规定等问题。其中，灭谛用哲学来表达会比较麻烦，哲学语言在这个维度上是匮乏的。

佛教中的学术问题与其他宗教的不同之处在于，佛教的学术性开展是佛陀之后佛教发展的一个重要轨迹。如方东美所说，印度佛教之所以能够在中国取得这么高的水平，是因为中国哲学自身能与印度佛教相匹配。印度佛教在汉地中国之外的区域，并没有取得像中国佛教这么高的理论高度。中国佛教是印度佛教和中国文化相互作用，两个高峰合并为一个高峰之后的结果。不过，现今的中国佛教哲学研究只有大致的框架体系，深度还远远不够。

附记：信仰和学术都关乎生命和天下，有相同的方向、不同的轨迹。学术的最高境界是真理，然而必须有信仰的情怀，学术才能获得根本的动力；信仰的最高境界是生命的终极关怀，无关乎学术，然而信仰必须借助学术的理性，才能转化为公共理性，否则有堕入原宗旨主义和极端主义的危险。

｜2017 年 11 月 10 日｜

解

脱

篇

真　理

　　现实与理想、凡夫与圣人、世俗与神圣、生活与信仰、尘世与天堂、此岸与彼岸，彼此构成一种相对的关系，而且存在着一种"由此及彼"的跨越，成为宗教等理论的根本问题。

　　佛教思想体系中的"世俗"概念具有不同的含义，而学佛者很少去辨析其不同含义，从而致使观念与判断混淆不清，带来极大的错误影响。

　　"胜义谛—世俗谛"或"真谛—俗谛"，这是属于真理观的范畴，是关于"法"的问题。《中论》说："诸佛依二谛，为众生说法，一以世俗谛，二第一义谛。若人不能知，分别于二谛，则于深佛法，不知真实义。"

　　"胜义谛"或"第一义谛"是指最高的真理或真理的最高意义，超越语言与思维的范畴。

"世俗谛"则有三种意思：（一）世俗谛即现象世界，与"缘起"具有同一个含义，即互相对待的世界；（二）世俗谛指语言和认识的世界，在语言中被构思和表达的一切事物，已经远离真理，与"假名""方便"具有同一个含义，具有一定的肯定意义；（三）世俗谛是对"胜义谛""第一义谛"的"遮蔽"，我们对现象世界的认识遮蔽了真理实相的本质。

| 2019 年 3 月 21 日 |

解　脱

出世与入世之间：

一者，以出世的心做入世的事业；

二者，以入世的磨炼彰显出世间的价值。

| 2017 年 4 月 12 日 |

幸　福

　　遇见，是前生的缘；相处，是今生的愿力；生活，是当下的存在；爱恨，是无限纠缠中的执念。若遇见，微笑相待，珍惜前生缘；若相处，坚持与忍耐生活中的种种痛苦，生活里的相处没有真正的快乐与痛苦，那些无非是爱恨与执念。

　　所谓幸福，无非是超越了爱恨与情仇，超越了对错与善恶，实现了生命的自由；所谓快乐，无非是生活中的一念感动，于自他关系中满足了自己的愿望；所谓不幸，即将个体的观念与执念投射于自他关系中，产生一种不满与亏欠的幻影。因此，不幸是虚幻的，幸福是真实的。量子纠缠，时空相对，如此轮回不已。

　　念无常，不是假设未来还有十天或十年，而是对存在的生灭有真实的体验，从而随顺生灭的节奏而产生真实的认识，从而安住在无常的世界中。既要有无常痛苦的逼迫感，故精进努力；又要有生灭运动的节奏感，故适度共振。

| 2017 年 2 月 16 日 |

净 土

　　净土是在人间向往着天堂的幸福、在天堂关切着人间的疾苦。净土是在人间与天堂"之间"。

｜2017 年 11 月 3 日

讲于新泽西州美国佛教教育学院尼众分院｜

　　人间最好的状态便是净土。

　　诗不在远方，只在脚下；净土不在天堂，只在人间，只有人间需要净土。

　　人间净土的建设，便是社会责任的担当、社会秩序的建构、社会理想的实现。

｜2017 年 11 月 20 日｜

美国佛教教育学院尼众分院，2017 年 11 月摄于美国

弘 法 护 教 篇

图：万佛城，2019 年 3 月摄于美国

弘　法

太虚大师的佛教复兴改革运动有以下几点经验启示：

（一）社会环境方面，佛教需要与政界保持畅通的管道，佛法的教化不离世间法，在现实环境上，宗教无法脱离于政治、社会之外；佛教尤其需要充分应用现有的社会资源、人才资源及科技资源等，发挥佛法与社会群众的互动关系。

（二）经济方面，佛教事业宜有自主的、创造性的经济资源的支持和永久性开发，以固保教育事业、弘法事业的贯彻与持续发展。

（三）教界方面，僧俗四众必须团结合作。佛教事业需要全体佛教徒的投入和共同参与，全体佛教徒的共识才是佛教成功的捷径，尤其僧众的教育培养、佛教统一学程的制定，以及佛教学术领域的共同开发等，需要教界众多事业团体的共同认可与合作；现代化企业形态的组织模式，值得教界参考借鉴。

| 2017 年 1 月 12 日 |

只有在现代制度、组织的基础上，佛教才能有效地参与社会公共生活，服务社会公益事业。传统教团缺乏现代社会组织应当具有的组织性、公开性、自立性三大特征，人间佛教则体现了佛教制度和组织的现代变迁。台湾佛光山佛光会的会员制度就是一种现代制度，会员享有相应权益，有选举权及被选举权、发言权及表决权。可以说，它是传统教团与现代社团相结合的产物，是一种能够把信众的信仰整合成为一种持续、有力的社会行动。

人间佛教主要需要处理的是"公共性"问题。人间佛教以其深邃契理的现实关怀、圆融契机的社会参与而成为中国佛教现代转型的最强音，也贡献了佛教现代转型、现代性条件下宗教与社会之间互动关系等多方面丰富的理论与实践资源。

合理的经济生活、正义的政治生活、服务的社会生活、慈悲的道德生活、尊重的伦理生活、净化的感情生活——人间佛教意味着积极关怀人间社会事务，包括文化、教育、环保，净化世道人心，净化社会。

| 2018 年 6 月 4 日 |

护　教

　　人工智能时代，人类和智能机器之间的伦理关系引人深思。智能时代的到来，给人类社会带来了两大灾难性冲击——持续性失业与不断加剧的贫富差距，让人心生不安。人工智能会改变我们人类的生活方式和工作方式，然而，如何利用人工智能，是由我们来决定的。

　　作为人类文明之一部分的佛教，具有两千六百年的传统智慧，如何在人工智能时代焕发智慧光芒，回应人工智能所引发的技术革新、挑战与危机？如何能够利用智能技术，提升人间佛教的弘法与慈善事业水平，为建设人间净土贡献自己的智慧与实践？

　　2017 年思想建设研讨会便围绕"人工智能的人机共生原理""人工智能的挑战与未来社会的危机""人工智能时代的共商、共建与共享""人间佛教的社会关怀与人工智能的发展""人工智能与人间佛教的弘法、慈善事业"等议题，从技术、社会、心理、伦理、信仰等角度进行了研讨。

｜2017 年 12 月 23 日｜

杨仁山源于信仰本位、文明传承，以世界眼光、家国情怀，开创了金陵刻经处，成为"近代中国佛教复兴之父"。梁启超云："晚清所谓新学者，殆无一不与佛学有关系，而凡有真信仰者，率归依文会。"谭嗣同云："杨文会者，佛学西学，海内有名。"欧阳竟无云："杨仁山居士讲究竟学，深佛法，于佛法中有十大功德。一者，学问之规模弘扩；二者，创刻书本全藏；三者，搜集古德逸书；四者，为雕塑学画刻佛像；五者，提倡办僧学校；六者，提倡弘法于印度；七者，创居士道场；八者，舍女为尼，孙女、外甥女独身不嫁；九者，舍金陵刻经处于十方；十者，舍科学伎艺之能，而全力于佛事。"太虚大师云："中国佛学重昌关系最巨之一人。"赵朴初云："近代佛教昌明、义学振兴，居士之功居首。"

佛教是人类文明的组成部分，也是中华传统文化的重要组成部分，这是历史的演进；今天要通过创造性转化与创新性发展，让佛教成为当代中华传统文化中富有生命力的文化，让佛教成为当今人类文明富有影响力的文明形态。

｜2017 年 12 月 30 日｜

当代年轻僧人的通病：有点小情趣，自以为"出离就是清高"，误认为做事是世俗；有点小自私，自以为"自己能力有限，做好自己的事就好"；怕累惜命，误认为自己的事是神圣的；有点小生活，自以为"上殿、过堂、喝茶、写字就是修行"；喜欢游玩，成群结队地聊天，误认为佛教与世界和自己无关；缺乏追求佛法大道的大誓愿、承担天下的大情怀、舍我其谁的大豪迈，不肯学，不肯修，不肯做事。

对当代年轻僧人的期待：继承佛陀以来一代教法的大誓愿，勤学，切勿浪费光阴；提升个体生活为自利利他的事业，自觉地去承担天下、救济众生；不期待别人，只期待自己，舍我其谁，常怀豪迈之气；善观察佛教在当今社会和世界的因缘，不遗余力地推动佛教现代化与化现代。

｜ 2018 年 2 月 25 日 ｜

佛教具有三大功能。

（一）佛教的人生功能。这是解释世界的概念体系的需要，是就个体意义的有限性与意义建构的必要性而言之。人需要对这个世界形成一套清楚的解释体系，并在其中能够找到自己存在和发展的意义。汉传佛教融摄印度佛教与中华文化，通过一套整合性的观念或范畴去论证世界和人生的意义，并且能够持续地证明佛教信仰与思想观念的有效性与合理性。因此，佛教僧众和寺院通过传播与弘扬佛法，论证、维系人生和社会的意义与整体性，并通过供给和提出观念与意义，获得在社会中的独特地位。

（二）佛教的社会功能。这是社会规范的需要，是汉传佛教作为地方性社区宗教的社会功能。社会的主要作用在于资源的交换与分配，以彰显社会的公正与平等。因此，汉传佛教要创造出一套关于人们应该如何互动的行为期望体系，提升人们的相互信任和社会集体意识，从而有助于社会更顺畅地运作。

（三）佛教的文明功能。这是社会需要在象征性的层次上予以神圣化和强化，是汉传佛教的文明功能。汉传佛教能够透过某种"非工具性（non-instrumental）形式"等诠释，通过仪式性的言论和行为、建筑空间艺术等，构建文明教化的神圣性与超越性的象征。而僧众和寺院具有生产仪式和象征性符号的能力，从而获得独特的"权力"。

｜ 2018 年 6 月 17 日 ｜

用那理性、智慧的眼光，拥有一份热情、悲壮的护教情怀，介入一个佛教与社会的热点现象——佛教商业化。走过两年，无数次感伤与落泪，游走在政治、社会与宗教的边界，审视着这个最好的也是最坏的时代。

　　在中国经济大跨越的带动之下，佛教寺院资生自养的经济基础正面临着有史以来的又一次全新挑战。一方面，僧团要恪守着"少欲知足"的佛教本位；另一方面，在不可逆转的商业化社会浪潮中，历史上的"土地经济"模式已不能满足"庄严道场"的需求。其原因不仅在于"寺院经济"已成为"地方经济"增长的组成部分，同时在于基于佛教自 1979 年从"零"开始的史实，"寺院经济"正处于"反弹式"增长与"被商业化"的际遇和危险之中。中国佛教协会此次组织佛教界、学术界有关专家学者举行研讨座谈会，梳理"寺院经济"的本质与功能，总结"寺院经济"的历史经验与教训，探讨"商业时代"的佛教本位与"去商业化"的内涵与途径，以便在"商业时代"潮流之下，中国佛教界能够开辟出"去商业化"的"寺院经济"新模式，为"商业化"社会提供新的理念与内涵。

｜ 2018 年 6 月 28 日 ｜

佛教与娱乐的 "理""情""法"

这是一个"娱乐至死"的时代。尼尔·波兹曼在《娱乐至死》一书中指出，现实社会的一切公众话语日渐以娱乐的方式出现，并成为一种文化精神；我们的商业、体育、新闻、政治和宗教等都心甘情愿地成为娱乐的附庸，其结果是我们成了一个娱乐至死的物种。

娱乐让一些人在生活中多了点笑声，可问题是：我为什么要笑？我的笑是否伤害了别人？——这样的思考，不仅是道德的表现，更是人与动物的根本区别——"反思"的呈现。不禁要问：为什么我们不再思考了？

佛教，一个从印度传入中国两千多年的信仰体系，为中华文明的发展进步和增进社会福祉做出了重要贡献，从而成为中华传统文化的重要组成部分。《三教平心论》说："佛教在中国，使人弃华而就实，背伪而归真。由力行而造于安行，由自利而至于利彼。其为生民之所依归者，无以加矣！"孙中山先生说："佛教乃救世之仁，佛学是哲学之母；宗教是造成民族，和维持民族一种雄大之自然力；人民不可无宗教之思想。研究佛学，可补科学之偏。"1918 年，南京栖霞寺重修，孙中山先生率先"捐银币万元"。近代著名学者梁启超先生说："佛学广矣，大矣，深矣，微矣，切于人事。证于实用，实天地间最高尚圆满、深切著名之学说也。佛教之信仰，乃智信而非迷信"，"乃兼善而非独善"，"乃入世而非厌世"。然而，当充满"智慧""圆融""中道""慈悲"的佛教遇到"令人沉迷至死"的娱乐，一种令人哭笑不得的感觉油然而生。如歌曲《法海你不懂爱》，遭到了佛教界严正抗议及道歉要求；某央视主持人在节目中歪戴五佛冠、袈裟不整，以烟袋代替禅杖，口咬"苹果"佛珠，以小丑姿态自称"我确实是法海"，引起佛教徒在网络媒体和中央电视台大厦前抗议。因此，我要问：当佛教遇到娱乐时，应该怎么办？当娱乐遇到佛教时，应该怎么办？其中的"理""情""法"，值得人们关注与探讨。

佛教神圣性与娱乐的"理"

佛教作为现存世界三大宗教之一，其信仰与制度的核心仍然是神圣性的建构。在佛教组织内部，教义、仪式、出家僧众象征神圣性，诵经、弘法等宗教活动属于神圣层面。在佛教信仰中，以佛、法、僧"三宝"为中心建构了信仰体系："佛"是觉悟者，是教主，他确立了佛教的本质并进行实践，对佛教的发展阶段产生了决定性的影响；"法"是佛陀觉悟后所宣说的教义，是所有觉悟内容、方法等的表达；"僧伽"是佛教信仰现实层面的核心，个人共享佛教信仰，通过一种僧伽的"中介"转化作用——僧伽对教义的阐释、信仰的指导——将个人的信仰"转移"成佛教的信仰。

僧伽在佛教信仰体系中的功能体现在三个方面：一、僧伽是佛教的专家。他们必须具备正确的佛教信仰，能正确理解佛教的世界观、人生观等教理学说，由正确的实践修行，而得到深切的、体验的开悟。所以，在经典中，经常以阿罗汉等圣者作为僧伽的代表，即指佛教的专家。二、僧伽是民众信仰的指导者。僧伽通过对佛教信仰的理解与实践，具备救度苦难的教化能力与手段方法，且具有教化意愿，专心致力于救度众生的事业。三、僧伽是正法的延续者，即所谓住持正法。作为佛教神圣性特征最好的"表象"，僧伽团体的存在，是佛教存在于世的表现。

当娱乐界人士以僧伽形象出现于媒体时，或广告中人物以僧人形象出现推销某种产品时，其嬉笑怒骂之所为绝非僧人所应为，这种对僧人形象的扭曲，正是对佛教神圣性的讽刺与伤害。许多人以"法海等为小说人物"为由，强调"娱乐有理"——这种"理"是歪理或强词夺理。因为法海是一个僧人，从"表法"意义上说，僧人的形象具有佛教的神圣性，具有信仰上的教化功能和制度上的模范、指导功能，而屏幕上出现的那种僧人形象，其行为则完全颠覆与否定了僧人的"表法"功能。而且，大众在欣赏节目时，无意或有意之间，会形成对僧人轻慢或否定的态度。

在当今娱乐界限模糊的时代，佛教等宗教对社会道德重建、人心安顿具有非常重要的社会意义。当娱乐"消费"宗教时，是在对整个社会"去神圣化"，无意之间破坏了社会的道德建设，麻痹了社会大众的精神世界，增添了人们的烦恼与浮躁。

佛教徒与娱乐之"情"

生活需要开心与欢笑，这是人之常情，也是娱乐存在的根本理由。但当今社会娱乐化已经以势不可挡的趋势，弥漫到各个领域。尼尔·波兹曼在《娱乐至死》一书中警告说："如果一个民族分心于繁杂琐事，如果文化生活被重新定义为娱乐的周而复始，如果严肃的公众对话变成了幼稚的婴儿语言，总而言之，如果人民蜕化为被动的受众，而一切公共事务形同杂耍，那么这个民族就会发现自己危在旦夕，文化灭亡的命运就在劫难逃。"从本质上说，娱乐化代表着肤浅化、庸俗化、感官化，这是一个时代的共业。

　　娱乐是社会大众的生活方式，广告是正常的商业活动，本不应横加指责。我相信，尼尔·波兹曼强调的是：娱乐失去了"寓教于乐"的根本，缺少公众情怀，而更多是个人的情绪与偏见。从佛教角度来说，神圣仪式与世俗娱乐在一定意义上本不冲突，古代寺院的"庙会"就是突出的例子；现在寺院所举办的音乐会、茶会、琴会等皆带有一定的娱乐意味。然而，娱乐界人士哗众取宠，以破坏僧人形象为吸引眼球的方式等行为，严重地伤害了佛教徒的宗教情感。习近平总书记在第十二届全国人民代表大会第一次会议上的讲话指出，要"发挥宗教界人士和信教群众在促进经济社会发展中的积极作用"。时任国家宗教事务局局长王作安指出："宗教工作本质上是群众工作，必须认真贯彻党的群众路线，把做好信教群众工作放到更加重要的位置，进一步密切党同信教群众的关系，使信教群众和不信教群众联合起来，共同致力于实现中华民族伟大复兴的中国梦。"从宗教信仰来看，社会大众是由信教群众和不信教群众组成的，佛教徒和佛教文化认同者在全国人口占有相当大的比例。面对全国几十万僧众、上亿佛教信众，在媒体或广告中恶搞佛教人物、丑化佛教形象，任何机构和个人都担不起这种伤害宗教情感的责任。王作安说："要切实尊重信教群众的宗教信仰，这是做好信教群众工作的前提"，"要正确处理信教群众的特殊诉求，有针对性地做好信教群众的工作"。媒体或商业机构要"共情"，应该观照到佛教徒的信仰诉求，尊重佛教信仰，尊重传统文化，将全中国人民的心共同凝聚在"中国梦"这一伟大主题中。

佛教徒反对"娱乐化",不仅是为了维护自己内心的一片净土,保护佛教信仰的神圣性,更是对人性堕落感到悲哀的一种"呐喊"。

佛教护法与娱乐之"法"

"娱乐至死",其根本表现为娱乐无界限。然而,世间任何事物皆必须有其界限,这就是"法";佛教护法要有"法",娱乐也要有法度,才能做到"和而不同,各美其美,美美与共"。

首先,娱乐之"法"在于国家的法律、法规和职业伦理。无论是宪法规定的宗教信仰自由政策,还是其他法律、法规中落实的宗教信仰自由相关政策,皆强调和保护信教群众的感情,依法制止一切干涉宗教信仰自由、伤害信教群众宗教感情的言行。更何况,新闻媒体皆有其职业伦理的要求,商业机构有其商业准则和市场监管程序。即使相关法律、法规缺乏明确的规定,娱乐界和商业机构也应该从公共情怀出发,从文明、国家、社会等"大格局"出发,去思考其自身行为的界限。

其次,社会各界常常以"与世无争""慈悲和平"等道德标准来审视和要求佛教徒,这实际上缺乏对佛教的真正理

解。"菩萨慈悲而不软弱，金刚怒目而不嗔恨""跳出三界
外，不在五行中"，这些都是个体的修行境界。其实，佛教菩
萨道思想还强调"舍身救济、舍身护法"等思想。1937 年，
上海爆发"八一三"抗战时，中国佛教会紧急成立了"中国
佛教会灾区救护团"，并成立僧侣救护队，支援抗战前线。在
僧侣救护队奔赴前线前夕，圆瑛法师对全体队员讲了一番话，
他说，菩萨慈悲"不是一任强暴欺凌迫害"，"不能坐视弱小
无罪横遭杀戮"，"不能眼看着无数生命在残酷敌机下被摧
残"，所以要挺身而出，惩一以儆百，诫少以救众，负起抵抗
侵略的神圣职责，这才是真正的"大悲大勇的菩萨行"！1939
年 5 月，南岳衡山的佛教徒成立抗日救国组织——"南岳佛
道救难协会"，周恩来同志亲笔为他们题词"上马杀贼，下马
学佛"。所以，佛教在个体心性上强调"知足、不贪、少欲、
无争"，以及"大慈悲、大无畏、大誓愿"的菩萨行；在信
仰和制度层面，则强调要神圣和庄严。

佛教徒护法，要遵循佛陀教法，学习历代祖师大德的精
神，智慧、慈悲、和平、中道、圆融地面对娱乐界和商业中
的一些"非法"行为，理性维权，合理诉求，重在教化，真
正体现佛陀的精神。

｜ 2018 年 2 月 10 日 ｜

生活的变化与信仰的不变

人是有限的、具体的，在"有悲有喜、有哭有笑、有情有义、有血有肉"之中，还能照顾到别人的悲喜、哭笑、情义和血肉，这是人与动物的"异者几希"。"信仰之癌"是将人的悲喜、哭笑、情义、血肉"非人"化，将一个个鲜活的生命变成了一个个"无悲无喜"的人，却又整天唱着欢天喜地的赞歌。

佛不是神，佛陀的觉悟是缘起，缘起意味着关系的存在、他者的限制；佛陀非全能，主动宣示"定业不可转""共业不可转"，接受缘起的有限性。因此，佛陀的觉悟即对有限性的觉醒与接受，将一个个"自我"合理地安顿在与"他者"共在的世界中。

任何一个人要成佛，皆需立足于有限性。观察与接受身体、精力的有限性，健康才有可能；观察到欲望的无限冲动，主动接受制度、道德等规范约束，体认信仰的超越性，才有机会破除有限与无限的困境。

任何一个人要生活，皆离不开他者。他者是具体的个人、复杂的关系、制度的规范，要关切具体个人的喜怒哀乐、关系的变动与失控。因此，清晰的制度规范，便成为欲望自我控制的助缘、关系变动的界限。儒家的"仁义"，在于敬畏与关切有界限的关系；道家的自然，在于超乎关系而任运自然；佛家的"解脱"，在于不离关系而超越自在。这些境界与工夫，皆必须立足于有限的现实与差别的关系。因此，缘起的智慧主要体现在个体的差别性、主体的相关性、工夫的超越性和境界的自由上。

生活是具体的、变动的，关系的界限是生活最大的困境。欲望的延展总是想突破现实关系的界限，从而试图控制所有的个体，于是差别的个体成为"大梵天"的奴役。若无强有力的制度介入，若无关系的差别性观念，若无对个体的尊重，那些"大梵天"总是会通过信仰、道德、神等种种召唤，而将个体抹灭成"无悲无喜"的"天人"，却又无时不刻地唱着欢天喜地的赞歌。

绝对的统一就会有绝对的控制，绝对的服从就会有绝对的腐败，绝对的赞歌就是绝对的悲歌。"相对"是世界的现实真实，要回到一个有苦有乐、有悲有喜、有血有肉、有情有义的世界，世界才能和平，人间才能和美。

｜ 2018 年 8 月 2 日 ｜

正法与教法

佛陀是觉悟者。所谓觉悟，意味着佛陀只是宇宙真理的发现者，而非创造者。作为宇宙真理的"法"，是本来如此的、普遍的、稳定的，超越了时间和空间的变迁。"人能弘道，非道弘人"，佛陀在印度示现成道，便开始依公元前6世纪的印度社会"应机说法"，即"法"进入时间和空间，经过佛陀及其弟子的开演，成为"教法"。"教法"是佛陀自觉的"正法"，同时又适应"时、地、人"的特点、知识与希求，是"正法"在人间的流行。"正法"是法界常法，而"教法"是法界等流之法，二者的关系是"无不从此法界流，无不还归此法界"。

释尊的教化不仅有语言的应对，更有行为的来往，二者即是"言教"和"身教"。"身教"是根据释尊及其弟子的日常生活、应机教化而设立的，其语默动静、教化往来与智慧实相适应。"身教"的流行,即"律法"。佛陀及其弟子的"教法",汇集在"经典"中,注重个人的修行;佛陀及其弟子的"律法"——公元前 6 世纪的生活行为、道德戒法、制度规范,则汇集在"律典"中。

"教法"与"律法"亦是缘起法,即顺应时间、空间,人有不同的施设,是"正法"的历时性呈现。在佛教信仰领域,经常会出现"回归原始"的冲动,强调《阿含》是真正的"正法","律典"是真正的戒律原则。——这种具有原教旨主义的冲动,在情感上可以理解,在原理上则是"行不通"并且"危险"的。因为时间是不可逆的,"教法"和"律法"是佛陀及其弟子们在公元前 6 世纪印度社会的教化与制度规范,时空的交错,势必会造成修道者在现实与理想上的冲突。

佛法作为解脱的实践智慧,其根本特点在于"真理即方法",无一实然不变的真理,而是观察、提升世界和人生的方法;缘起作为佛陀觉悟的真理,更是佛弟子解脱烦恼、回归生命自由的方法。理解佛教的"正法""教法"和"律法",三者皆为缘起法。"正法"为理,后二者为事;"教法"注重主体的心、思想,"律法"强调团体的制度。这三者相应相成、综合融贯,形成"佛教整体"。

佛弟子要根据"佛教整体"建立信仰、实践修道——依"正法"建立信仰;依"教法"观察内心、断除烦恼;依"律法"建立规范制度,从而逐渐体证"正法"。"教法""律法"皆依时间、空间和人而有不同，皆是"正法"的人间示现。

依经解经，依律解律，则为魔道。因此，经、律历来皆有注疏，佛陀一代时教需要进入历史，形成丰富的佛教经、律注疏。故必须依公元前 6 世纪的印度思想与社会去理解佛陀一代时教，更要依时间和空间的变化去理解佛教的变化。"正法"是一大缘起，时间与人的心理、空间与人的活动亦是一大缘起，这就是"理"和"事"的关系。所以，"教法"和"律法"的历史，也体现了"正法"的历时性。

纯粹的"正法"追求只能建立在个体的内心信仰上，而不能呈现为集团的组织；任何祈求在组织上建立一种纯粹的"正法"信仰，都是对信仰的背离与破坏，其制度只会成为自我毁灭的工具。在现实世界里，当下的佛教叠加着历史长河的佛教而差别万千。任何希望当下只有一种形态的佛教的观念，既违背了缘起"正法"，也破坏了历史，最终会走上毁灭之途。

没有历史，当下是不存在的；没有他者，自我是无法成立的。从历史去理解当下，从成就他者去成就自我，才能走得更远、更远！

| 2018 年 8 月 3 日 |

现实的有限性与信仰的自主自由

一段风波，只是空间中流动的事件之一，却是历史中的一个拐点。中国佛教在浩劫后，从零开始，借改革开放的新风枯木逢春，而恢复发展。四十年来，在赵朴老、传印老等老一辈的带领下，佛教培育人才、造寺塑像，重现新时代的辉煌。

轮回就是时间的束缚，历史的积弊只是时间的积淀。在一个缺乏意义感的时代，在一个生命更加脆弱的空间，在一个道德更易滑坡的社会，我们总是期待如"神"一般的"人"出现，引领着时代、社会、宗教；我们用追随"善知识""上师"等幌子来掩盖自己如"魔"般的欲望，于是不小心掉进了"魔"的巢穴。

佛陀正法倡导"师道庄严""以法为依""以戒为师"，是希望众生能够在正法里"自依止""法依止"。所有的教化都是一种生命的启迪，并不是生命的替代；所有的师者只是生命中的一段缘，而不是生命的背负。"师道庄严"的本意，是在那一段缘起里，生命受到师者的启迪，"自我"从而化现为生命的典范。师者的典范只是时空的缘起，而不是永恒的背负。"自我"是有时间维度和社会嵌入的空间维度，生命的自由与觉悟并不是因为某一个"神"的启示，而是自我担当与自我背负。时空网络中的"自我"是现实的，是有人间烟火的，也需要人间的温情与秩序。抽离掉时间的流动与空间关系的"自我"，将虚化为如"神"般的存在，要么成为真正的神，否则剩下的只有魔！

时空中的"自我"意味着自主与自由，所谓"自依止""法依止"就是实现这种自主与自由：一个人自主地处在时空网络中，自由地追求属于存在最深处的真理——"法"，便是实现了生命的"幸福"。如此，我们就离"佛"不远了！因此，生命的幸福在于现实里的"自主"与理想上的"自由"。对现实中的人或"师者""完全的信赖"就是一种"执念"，既违背了佛的教导，更是破坏了生命的幸福。

回到生命的真实与现实，首先是现实生活的维度——关系上的"相待"，这种"相待"就是现实的有限性与差别性。"此有故彼有，此生故彼生，此无故彼无，此灭故彼灭"强调了"他者"对"自我"的规定、限制与约束，世界在"有限的关联"中建立了界限，故"缘起即差别""缘起即界限"。缘起的"差别"与"界限"决定了社会关系需要依"界限"而行事，各居其位，各谋其事，回到那个可以观察、可以触摸的现实。于是，"界限"让这个世界更有秩序，规范、法律、道德都是这种"界限"的秩序表达。"自我"服从于这一个"界限"，遵守了某一种"秩序"，才能进入另一个时空中的"缘起"。那种妄图建立"统一""全能"之物的理想，其实就是破坏"界限""秩序"，便成为"神"化的世界。

社会、宗教等任何组织都会面临有限与无限的悖论：组织无限性扩张的"理想"和成员关系的有限性制约的"现实"；组织领袖的个人有限性与对"理想""愿力"的无限性倡导；组织成员的个体有限性与对组织的无限性期待。

今天的佛教正面临着这种"悖论"：四十年的发展，繁华的寺院、旺盛的香火、庄严的塑像让我们忘记了历史的伤口，那种毁佛坏寺的惨状其实离我们不远；全球化带来的机会与国家的期待，让我们忘记了其实我们的脚跟未稳，其实我们还是在依恋着"土地"，用"木头"装饰着我们的"庄严"；互联网带来了枪林弹雨，我们还在"土地"上刀耕火种，我们以自己不切实际的"清净"背影来抵挡背后的偷袭，然后告诉世人——我们是神圣的、出世的……

我们没有告诉世人和政府"佛教是有限的"：佛教要担当时代的大任，但必须是有限的大任；僧人是神圣的而非"出世"的，僧人作为人的"有限"与信仰的"神圣"是统一的，那种"无限"的期待本质上是对真理的"亵渎"；"寺院是有限的", 它满足不了那种无穷的"慈善号召"和"发展旅游"。

　　让我们回到"现实", 直面有限性、差别性与关联性, 理解佛教与社会的关联与界限、僧团与僧人个体的关联与界限、僧人与信徒的关联与界限、政府有关部门与佛教的关联与界限。安住了现实, 才是追求真理的开始; 现实就是中道, 中道才能圆融。熙熙攘攘的世界里, "希望"是永远在这个世界不远处的灯塔; 没有希望并不是因为某个人, 而是因为我们自己。我们每个人是否能够大胆地说一声: 有我在, 世界就有希望; 每个佛教徒是否大胆地说一声: 有我在, 佛教就在!

　　　　　　　　　　　　　　　　| 2018 年 8 月 15 日 |

依法不依人

　　人能弘法，非法弘人。后学者的法身慧命需要师者的启迪与教导，因此，"善知识"的价值在于生命中绽放的缘起。在人生的某一刹那，自己受到师者的启迪得以解惑而欢喜，迷茫的生命因某一句话、某一个行为得到解脱和自由，那个时空中的师者就是"善知识"。善知识不是圣人，"亲近善知识"的意义在于在那段殊胜缘起的时空中，自己的生命因为师者的如法教化而觉醒。因此，学法者需要一颗理性、智慧的心，珍惜那段生命觉醒的缘起，而不会执念于师者的其余不如法的缘起。在《华严经》中，文殊告诫善财："于善知识善巧方便，但应恭敬，勿见过失。"有德童子劝诫善财："见善知识随顺烦恼行，勿生嫌怪。"因此，"依法不依人"，是依如法如律如仪时空中的"法"，那段时空中的"人"也是如法；而不会依不如法不如律不如仪时空的"人"。

　　我们要感恩善知识在那段时空中的教导，感念他的过去功德；但不要嗔怪他的现在过失，也不要随意维护他的过失。缘起界限分明，功过分明，此便为正法，这才是真正的"依法不依人"。

　　望着晴朗的天空，遥想着那个纷扰的世界。神圣与世俗有别，差别在空间的行为；出世与入世有别，唯在一念之间。神圣不一定出世，神圣的空间里或许有世间的种种心与行。世俗不一定就是入世；有出世的指向，世俗才是入世，故必须以入世的事业彰显出世的价值与心性。以出世的心做入世的事业，乃境界上的圆融，而非工夫上的过程；若以神圣为出世，则神圣成为一种"风幡"，感召世间种种事业，实际上是"入世而非出世"。

　　释尊在觉悟后，其教化在恒河两岸逐渐得到信受与奉行，于是便出现"出家僧团"。起初，释尊对出家弟子只有道德的教诫，如"诸恶莫作，众善奉行，自净其意，是诸佛教"等。随着出家弟子人数的增多，佛陀才开始制戒，即是对于制度的规范。"僧"即僧伽（梵文 saṃgha），是和合的意思，即指四人以上的出家弟子。佛陀在鹿野苑度化了他的五个随从，佛教历史上才出现僧团。

　　僧团是佛教作为教化体系的象征与组织，其组织原则与运作方式即是"律法"。所谓"住持"，即保持僧团的存在，护持佛法的特质。因此，僧团的理想在于"正法久住""广度众生"。

如马克斯·韦伯所说，"救赎绝对是一凭己力的一种个人成就"，佛法强调自我解脱，不需要外在的皈依，这是"自皈依"的真正意义。僧团这种"教团共同体"的出现，意义在于为修道者提供帮助，监督新的修道者，为比丘提供教化、悔过与赎罪的场所；同时，僧团特别观照僧侣的举止，保持身份的"端正"。

正是因为僧伽担任着"表象""中介""模范"的重要作用，因此僧伽身份的"端正"成为至关重要的问题，这涉及佛教信仰的"表达力"与佛教的"生命力"问题。所以，佛陀依"梵行久住""正法久住"的目的，制定戒律。"如来戒律，布在世间，若能遵用，足相纲理。"戒律成为佛陀"人格化"的法律，成为保证僧团和合、安乐、清净的源泉，亦成为僧人的行为规范与僧团组织的运作制度。于是，在佛教信仰落实于世间的"表达"，僧伽以其"表象""中介""模范"的三大功能，成为佛教神圣性的最主要"表达"；戒律则是僧伽神圣性的"保证"；寺院成为神圣性表达的"空间"。这样，僧伽、戒律、寺院，便成为佛教作为"制度性宗教"的基本内涵。

｜2018 年 8 月 16 日｜

浴佛节的意义

　　佛陀的诞生，是世界文明史上的一件大事，给人类带来一线和平与觉悟的光明。庆祝佛陀的诞生，是对佛教文明的敬重，也是对人类和平、国家昌盛、社会祥和、生活幸福的祝福，更是对生命觉醒与提升的自我期待。

　　"浴佛节"又称为"佛诞节""卫塞节"。释迦太子降生于蓝毗尼园，帝释与梵天来至，九龙于上空吐香水沐浴太子。——这个故事是佛诞节浴佛传统的来源。在恒河浴身以灭罪求福，本是印度人的习俗。印度的佛教徒以佛诞生日为欢喜节庆日，仿照世尊降诞时的场景，在佛殿或露天净地设置灌佛的香汤盘，在盘中安立按世尊降生时形象所造的太子像，四众依次用香汤灌洗太子像，以示祝赞供养，这个仪式称为"灌佛"或"浴佛"；为了纪念太子逾城出家，后来佛教徒又在佛诞节当日执香花、抬佛像而绕城，称为"行城"

或"行像",其场面壮观宏大,具有节庆游街的欢庆气息,能让社会大众感受到庄严、欢喜的宗教情怀。

随着佛教东传,这个佛教最重要的节日亦传入中华大地。《三国志·吴书·刘繇传》附记,汉灵帝在位(168—189)时,丹阳人笮融为徐州牧陶谦在徐州、广陵间大设布施,"每浴佛,多设酒饭,布席于路,经数十里,民人来观及就食且万人"。——这是中国历史上有文字记载的最早的浴佛活动。东汉时,浴佛多在寺院举行;魏晋南北朝时则流传至民间,日渐成为群众性和民俗性的节庆活动;隋代以四月初八为佛诞日,设斋并举办讲经法会;唐代崇佛,浴佛节成为官方承认的节日,长安民众多于此日设斋供,为祖先祈福。同时,在浴佛活动的影响下,唐代以后中国人为自己过生日的习俗也开始流行起来;宋代以后,浴佛节除了例行的浴佛、斋会之外,又发展出一些新活动,如放生、结缘、求子等。

藏族、蒙古族地区同样重视这一节日,举办的活动称为"四月法会"。一般以四月十五日为浴佛节,举行浴佛仪式,并且连续几天进行诵经、跳法王舞等活动;云南地区的傣族人民在浴佛节的基础上逐渐演化出名闻遐迩的泼水节。过节时,无论男女老少,他们都在清晨到各个佛寺中敬佛、斋僧,举行送旧迎新的仪式,行浴佛礼,给佛像洒清水"洗尘"。而后便开始互相泼水,嬉笑追逐,进行放高升、赛龙舟、赶摆、丢包等活动。浴佛节在香港、台湾地区被认定为公共假日,香港举办"浴佛节巡礼",台湾地区则融合母亲节,将宗教节日与孝道感恩联结起来。

佛诞节作为佛教的传统节日，在印度文明与中华文明的交汇与融合中，成为中国佛教社会生活的重大节日；同时，通过浴像、行像等仪式，佛诞节成为社会民众理解和参与佛教生活的重要节日。在佛诞节中，宗教的神圣性、生命的超越性、生活的娱乐性得到圆满的呈现。佛诞节充分体现了佛教信仰的特质——有神圣感而无畏惧，有超越性而非离世间，有庄严感而不妨碍娱乐。

佛诞节不仅是佛教徒的节日，更是社会公共生活的一部分，其净化身心、感恩惜福的观念更是中华文化的优良传统。因此，佛诞节是宗教性、文化性、社会性融为一体的节日，具有宗教教化、社会参与、民众娱乐、文化交流、民族认同、文明传承等社会功能，体现了佛教"诸恶莫作、众善奉行、自净其意"的文明特质。

佛诞节作为一种文化形式，是民族共享的精神记忆、民族共通的价值纽带。佛诞节在中国的生根发芽，是中华文明兼容并包精神特征的缩影。作为人民群众的集体活动，佛诞节具有极强的凝聚人心的作用，在喜闻乐见的形式中，为普通的民众提供了一种道德教育的途径，不知不觉在人心里播种下和谐、慈悲、感恩的种子。

浴佛所纪念的是一个具有世界意义的文化标志事件。联合国教科文组织正式将卫塞节确定为联合国日，并倡议每年举行全球性庆祝活动。中国是佛教的第二故乡，佛诞节的保护，有助于增强中国的文化自信；佛诞节的保护，有利于激发海外华人的民族归属感，增进国内外人士对中国传统文化的亲近感。

佛诞节是中国乃至全亚洲的重要民俗性集体活动，浴佛作为一种热闹、喜庆的群众性文化生活，在老一辈人脑海中还能找到一点残存的记忆，在学者的研究中依稀能够见到往日的盛景。随着现代化浪潮的冲击，许多地区的佛诞节传统活动消失了，佛诞节的文化社会功能萎靡不振，浴佛相关的庙会等集体活动很难展开，其传统技艺或手工制品面临失传的危险，相关民俗记忆亟待挖掘整理。

这个有着两千多年历史的节日，无数人心中的文化记忆，蕴含着"诸恶莫作、众善奉行、自净其意"的文明精神。岁月的流逝，目前只剩下作为宗教节日的佛诞节，失去了作为公共生活、文化记忆的意义。随着卫塞节在世界范围内的广泛流行，佛诞节作为文化软实力的作用愈加凸显出来。

在现代化、全球化的新时代，佛诞节的文明特质可以通过雅集、茶会等社区活动进入社区生活；通过生活美学、朋友聚会、社群认同等途径，彰显佛教节日的欢喜、感恩、美好、清净等人文特质，从而吸引社会大众了解佛教。同时，通过家庭、企业、社区等平台，以佛教文明为纽带，共同构建欢喜、感恩、和平、觉醒、参与的社区文化。

杭州浴佛节活动，2018 年 5 月摄于中国浙江

　　今年的浴佛节，一滴普隐甘露水，无限慈悲喜舍心；一颗欢喜无碍糖，无量善根佛法缘。一个个优雅身姿的后面，是信仰的热情、布施的欢喜、愿力的承担。他们和她们将佛法的慈悲与欢喜，通过一个个微笑、一瓶瓶水、一颗颗糖，将佛陀的教化广布于世间。于是，今年的浴佛节，是一个龙天欢喜的节日，是普天同庆的日子。愿三宝久住世间，愿正法永化于人间，愿微笑永不泯灭，愿欢喜常存于心间！

| 2018 年 5 月 22 日 |

道 场

北长街 27 号的捐资者——朱芾煌居士

朱芾煌，又名黻煌，字绂华，四川省江津县（现属重庆市）人，生于 1884 年（清光绪十年，或说光绪十一年，即 1885 年），祖先乃广东梅县的客家移民。

芾煌初从县中名儒夏咏南学，1901 年考中秀才。1905 年赴上海，次年入中国公学，和胡适等同在甲班。1909 年东渡日本求学，加入中国同盟会。1911 年辛亥革命发生，芾煌即自东京返国，奔走于平津一带，策划、组织北方的革命活动。其间作为特使，南北穿梭，调停和议，清廷退位，民国建立，芾煌建有大功。南京临时政府成立后，孙中山发出的第一张委任状，即任命其为总统府秘书。1912 年夏，其与吴玉章出使返回四川，曾组织发起四川省俭学会，此乃留法勤工俭学之始。1913 年赴欧洲考察，第二年年底回国。此后历任夔关、临清关、张家口关监督等职。

1921 年太虚大师在北京讲《法华经》，苇煌曾在座下聆听。同年，韩清净组织"法相研究会"，他与徐森玉、饶风璜等是主要参与者。苇煌礼韩清净为师，终身执弟子礼。1922年退居北京，全身心致力于佛学研究。

1927 年苇煌与韩清净、徐森玉、韩哲武、饶风璜等组织"三时学会"，仍推韩清净为会长。研究会有定期讲经、刻印经典等活动，苇煌乃主要参与者。无论"法相研究会"还是"三时学会"，皆以研究、弘扬印度唯识学为宗旨，与支那内学院构成民国唯识研究的两大重镇。

自 1934 年双十节起，历时三十个月，苇煌编集成其一生最重要的佛学研究成果《法相辞典》。此作堪称巨著，二百六十余万言，书成即受到佛教界大师推重，有欧阳竟无（渐）、韩清净等作序。《法相辞典》于 1939 年由商务印书馆出版，共分四册。

苇煌国学根底扎实，兼通日文、英文，在三十九岁（或说三十八岁）退隐后，主研佛教，亦旁及诸子百家。1936 年写成《老子述记》一书，同年在商务印书馆出版，世称多有卓见。

| 2017 年 10 月 19 日 |

九十年后，寂静的小院里，终于又出现了诠经释史、谈古论今的场面，这是对前辈先贤的最好告慰。如约邀请加拿大英属哥伦比亚大学陈金华教授讲《佛教与安史之乱》，探讨帝国的兴衰与中国佛教的演变，佛教的商业文明与国际主义无疑是帝国兴盛与开放的最好资源；而唐宋变革之际，佛教从城市中心转向山林，从开放的商业文明转向封闭的农耕文明，僧团与地方节度使互动关系更加频繁，促进南宗禅的兴起。

九十年前，三时学会成立；三十年前，中国佛教文化研究所成立。学问之兴，佛教则隆，正法则永住。若僧俗大众不问法义佛史，大佛大庙等宏大叙事终无法挽救教法之衰微。故今天佛教大众要回到青灯黄卷、经桌前，集众讲经论道，论佛陀出世之一大因缘，寻古今佛教之演变轨迹，探未来佛教之发展方向；否则虽大佛大庙巍峨，亦危机四伏。

│ 2017 年 12 月 19 日 │

新中国成立后的中国佛教继承民国佛教的遗产，成就了 20 世纪中叶佛教的短暂辉煌。中国佛教协会在经济匮乏的时代，仍然办成几大教育文化事业：成立中国佛学院，编纂中英文《中国佛教百科全书》，拓印、整理《房山石经》，汇集全国经版至金陵刻经处，这些是 20 世纪佛教文化史的最重大事件。

六十年后，我们有足够多、足够大的寺院，有足够高的大佛，却无法给后人留下教育文化的"遗荫"。"知识社会史视域下的中国佛教百科全书撰著"学术研讨会总结阶段，能仁法师动情地说："我们愧对历史啊！"全场动容。我们欲以今天的财力、人才、技术继续整理、数字化《房山石经》，续编、出版中英文《中国佛教百科全书》，数字化金陵刻经处的经版，办一所佛教大学，而仍然前路漫漫！

2018 年间起起落落，太多的事情让我们无法平静地坐在书桌前。面对前辈的智慧遗产，感恩领导们的鼎力支持，感恩团队成员们的无私奉献，薪火相传，法身常在！

| 2018 年 12 月 13 日 |

中国佛教文化研究所，2017年6月摄于中国北京

金陵刻经处，2018年7月摄于中国江苏

哲学教育篇

图：普林斯顿大学东亚图书馆，2017 年 11 月摄于美国

哲　学

　　在我有限的西方哲学视野中，海德格尔与列维纳斯离佛教更近，前者对存在的关注，后者对他者的关切，代表西方哲学的视野终于从仰望上帝走向人间。世界是具有相关性的存在，因为主体的介入，相关性获得差异的对待相。"对待相"这个概念，是一念无明的生起，也是时间的起点，更是在场与遮蔽的根基。

　　从自他相关到自他对待，自他的"差异"意味着时间的出场，也意味着自我的出现。因此，自我是时间维度的"虚己"，是他者的"给予"；自我的反思，意味着对不可见他者的尊重。时间只是差异的变化与运动的"幻相"，其内涵是主体与运动。

　　对待相是现象的根基，其中有被遮蔽的"法性"与在场的"无明"。在对待相中，无明即法性，法性即无明，是一种

"共在"的不二结构。

而天台宗所谓的"一念无明法性心",即进入对立相的观念,"一念心"是外在的"形式","无明法性"是内容,即"一念心"叠加着"无明""法性",亦可说"一念心"不离"无明"与"法性",即"无明"即"法性"。

因此,日常的意识观念内,既有时间维度中的"自我",亦有关系的空间维度中的自他"对立"。修道是直接面对对待相,这就是"一念无明法性心"和参"父母未生前的本来面目"的意义。直面"无明",参破一念"无明",即能彰显"法性"的"澄明之境"。

西方哲学只是存在与他者的观察者,而缺乏反思带来的真理意义,仍然是把这个部分交给"上帝",这也是无法逾越的墙。

| 2018 年 12 月 1 日 |

人,诗意地栖居在大地上。栖居,意味着人对自身有限性的承担,即人能够将死亡延揽在自己身上。因此,秉有诗性的人要直面死亡,了悟到自己的有限性,仰望天空之际而又栖居于大地。人,生存在技术时代,几乎陷入技术的绝对控制,使自身的生存陷入无家可归的深沉危机。因此,对存在意义的探求以及对人的"本真"探索,便隐含着对技术统

治的批判。因此，若离开了哲学的反思、艺术的审视、信仰的凝视，人将成为技术的"摆架"，成为无家可归的流浪者。在一个技术至上的时代，要谈哲学、艺术与信仰，是因为"澄明之境"；是要在黑暗的时代里去摸索远逝诸神的足迹，是为了终有一死的同类去追寻那通达本质转向的道路。

一个进入"澄明之境"的人，要拥有艺术者的热情与审视，怀着哲学者的冷静与反思，守着信仰者的虔诚与凝视，在艺术创作与教育的领域中，以诗化的世界对抗世界的技术化，挥洒着艺术的热情与信仰的虔诚；在存在的"内观"中，审视世界，反思存在，凝视超越，从而贯通天、地、佛、人的圆融境域。

| 2019 年 10 月 6 日 |

宗　教

当今世界宗教领域中，随着科技的创新、中外文明的汇遇，一些"新兴教团"层出不穷。其主要特点表现在：

一、在论述思想上，打破原有的文化范畴，不仅强调传统文化的重要性，更强调文化范畴背后的一种超越族群与文化界限的宗教性元素；

二、在论述方法上，通常大量使用自然科学的语言，同时结合世界文明的共同论述或实践；

三、取消救赎中介的作用，不再在信众中区分阶层，每一个信徒都可以成为仪式的执事者。

同时，在宗教实践层面，往往出现一个"克理斯玛型教主"来维系宗教的神圣权威。神圣权威密集地集中在一个人身上，其优点在于，教主以个人的创造性言说和丰富的宗教经验为出发点，能够出现更有弹性与更符合世界文明传统的主流性论述，更能引发出一种超越原有文化传统的普适性文明；其缺点在于，教主作为人具有有限性，很难承担无限的神圣权威期待，从而容易导致系统崩溃与权威丧失。

| 2018 年 7 月 29 日 |

随着技术的进步，缘起中的相关性不断加强，彼此间的界限不断被突破，个人的信用、社会的信任成为全球社会发展的最重要问题之一。而信用与信任的原理，皆涉及宗教的信仰。因此，探讨信仰、信任、信用是现代文明社会研究与宗教社会学的基础。

个人的信用最终是关系中的自我呈现，宗教的信仰是生命的自我确认，是自洽的；因此，宗教的信仰为个人信用提供了形而上的和终极的基础，而社会法律、道德等则是将信仰转化成信用的前提和保障。宗教的信仰必须通过获得社会和制度的信任，才能转化成个人的真正信用；个人直接面对宗教的信仰，若无社会的法律、道德介入，则有可能成为极端的原教旨主义分子或虚伪的信仰者。

任何信仰都有排他性，排他性是宗教冲突的根本原因。排他性受到限制或鼓励，成为宗教宽容或极端的根本原因。佛教的不杀生戒和慈悲精神，限制了排他性的破坏性表达，于是在一定程度上塑造了佛教的宽容精神；一神教正是缺乏对排他性的约束与限制，所以容易出现宗教冲突。

其次，排他性在历史经验和政治结构的反思与约束中，那么一神教也会出现宗教宽容的特点。基于文明史的视野，发现宗教的传播取决于宗教与政治结构之间的关系特质，后者决定了宗教冲突与宽容的机制。佛教中国化的成功与和平经验，不仅来自佛教自身的宽容性格，更来自中国文化固有的宽容性格。而基督教于西欧传播所引起的宗教冲突，除了一神教固有的排他性以外，欧洲文化与基督教的同质性，没有一种文化能够平衡基督教的排他性，才会出现"十字军东征"的悲剧。

│ 2019 年 3 月 15 日 │

硕果都是繁华落尽后的孤独；因为硕果累累时，所有的繁华都是一种累赘。或者说，生命的繁华也是硕果累累的经历与过程；但是必须面对、接受繁华落尽的孤独，才有累累的硕果。

佛教信仰与其他信仰的不同与殊胜处在于其智慧性；当然，宗教性是信仰的共性。信仰的宗教性有时会排斥生活，而智慧则要求提升生活与转化人生。因此，在学佛的过程中，要用智慧提升信仰，才能实现"要让生活体现信仰，不能让信仰代替生活"。

| 2019 年 11 月 9 日 |

教　育

从教师到教育家

教育是公共事业，面对的应该是群体，而非个体。从教师到教育家的转换，需要突破师徒传承的局限，将思考和行动的格局扩大，面向更广阔的群体。教师的平台是课堂，通过专业课程和师徒关系来影响学生；而教育家的平台则是公开出版物和公众演讲，通过系统的思想理念来影响大众，通过演讲中的热情和人格魅力来感召大众。一位教育家的产生，需要诸种因缘成就，所谓"一佛出世，千佛护持"。

艺术和艺术教育之间的区分

艺术和艺术教育是两回事。艺术本身有形而上的色彩，与体验、感觉、想象力等相连接，可能是超越组织、秩序、世俗生活的。但艺术教育则是具体的、世俗的，与世间因缘紧密连接。如果说艺术是杯中水，那么艺术教育就是承载水的这个杯子。如果没有杯子的"护持"，水就会散掉，无法集中在一起。同理，要有艺术教育的护持，艺术才能够自在生长。艺术教育的本质是教育，是公共事业，与世俗生活衔接紧密，需要体系的建构，需要遵循教育的规律、遵循公共事业的运转规律。

教育事业的开展方式

教育事业的开展需要有健全的制度，有计划的实施过程，需要执行力强、能够有效协作的团队。一流的教育家往往不是一流的艺术家，两个角色对人的要求不同。艺术家主要发展感性，重视直觉、体验和领悟。艺术是个体与抽象存在之间达成连接之后的产物，是对世界的审美化表达。而教育家主要靠理性，需要对关于世界的知识有充分的掌握和理解，对人性、对世界运作规律有深入的认识。教育事业要顺利开展，需要与行政工作对接流畅，因为其涉及具体的管理工作，涉及利益的平衡，是具体的、世俗的事务。

最好的慈善是教育

古人云，授人以鱼不如授人以渔。这一原则不仅适用于一对一的人际关系，也适用于整个社会的慈善、教育考量。佛教中的布施分为三种：财布施、法布施、无畏施。财布施给人以物质，只能解决眼前当下的问题，不是长久之道；法布施给人以智慧；无畏施给人以勇气。教育事业是法布施和无畏施的结合，通过知识的传授让人明了世间的规律，通过品格的锻炼给人以承担世事的能力和勇气。

通过推动教育，成就大众，让人各安其位，在各自的行业领域中做到最佳，就能成就人间净土。所谓人间净土，就是人间各个区间、领域都呈现出最好的状态。传统救苦济贫式的慈善是慈悲的体现，但是影响力有限，在"担当"这一方面还有待加强——这种救苦济贫式的慈善在承载国家、民族、社会、人类这种大格局时，力量有限。只有通过教育，让尽可能多的人成为精英，再让精英推动各自领域的发展，带领所有人一起成长，才能从根本上改善社会基础。

佛教人间化运动

佛教人间化运动是一个长期的事业，要放在一个大的时间跨度中进行思考，也要有节奏适宜的时间安排，可以十年为期进行规划。人间化运动要分区块进行，包括家庭化、事业化、社区化等内容。佛教人间化运动要重视社会的自组织功能，鼓励公众主动参与和承担，自主规划、自主行动；重视观念的影响，用润物细无声的方式来发生作用；依靠观念来凝聚人，而不是依靠组织来聚拢人；重视各行业精英的领袖作用，将佛法与人才培养、事业发展联系起来。

承担教育事业的自我心态建设

教育是大的事业，需要从具体的点来突破。教育家是有限的个体，要从自身的修行出发，在自我成长、自我完善的前提下，用合适的节奏进入教育事业。好的教育家一定是先自我成长，再有能力成就他人。

自我成长是内在心智力量和外在因缘碰撞之后的产物。将每一件事情、每一种关系、每一份工作都当作历练，尽可能去提取所有事件中的积极成分，让所有的因缘都变成增上缘。每个个体都是多种身份的综合体，每种身份对应着特定的角色，每一角色都有其需要面对的独特情境。个体的不同身份、角色对个体的自我会提出不同要求，这些要求某些时候甚至是互相冲突的。这时候就尤其需要进行多元思考，学会跨界生活，如实接纳一切因缘，用慈悲与智慧来圆融应对。要学会从容悠闲地观照世间，在不同的任务和角色中切换自如，面临机会窗口时能够把握住，产生正面的影响力。

在做具体事业时，要尊重当下的因缘，有什么就做什么，随缘安住。每一个当下都是独一无二的，珍惜当下这个时间点所呈现出来的世间因缘。无须恋栈过去，也无须忧惧将来，对当下全心投入，让每一个当下的价值都得到成就。

理想的实现除了靠个体的坚持之外，也要靠缘起。不要期待每个人都说你好，成事者需要有勇气、有能力、有信心面对孤独和质疑。在事业方面，试图取悦每一个人、想得到所有人的认可，就只能自降标准，去做社会平均接受度之内的事情。对于一个画家来说，得到毫无艺术素养之人的夸赞并没有意义，因为对方并不具备做出恰当评价的能力。一个优秀的产品经理，要学会忽视非目标客户的需求，学会从瓦釜雷鸣的纷繁评判中寻找真正的声音，做出正确的判断，坚持正确的道路。应该深刻理解世间，但不要被它左右。

这看似尖锐和独断，却建立在对世间法之有限性的理解之上。有限性指的是，作为主体的我是有限的，而他人亦是有限的，尊重彼此之间的种种局限，在这基础上做力所能及的事情，才是理性的处世之道。

对出世间法的追求也需要世间法的护持。人生于此世，与所有其他人的关系都是世俗的，需要遵循世俗规律，用世俗的智慧来处理。期望管理很重要，对自己、对他人的期待都应该时时观照、调整，使之处于合理的范围内。没有不恰当的期待，就不会有伤害。

承担大事业需要自律的生活方式

在具体操作中，则要尽量做到无目的，广结善缘，认识、接纳自己和这个世间的有限性。在生活中，事情有轻重缓急，对于扑面而来的种种事情，要有清醒的认知，能够将它们划分出主次、顺序，建立起处理事情的有效机制。此外，还要学会取舍，并不是所有的好事都要去做：一方面，要量力而行，在自己的能力范围内做事情，要给自己留出休息、充电的时空，有些时间不能见人，需要留下来一些时间给自己，这是认识和尊重自己的因缘；另一方面，要从大的时间跨度去思考问题，有的好事当前并不能看出来好，有些当前的好事长久看来并不好，需要以智慧和心智去辨别、取舍，这是认识和尊重世间的因缘。

| 2017 年 11 月 10 日 |

"迷时师度，悟了自度。""见与师齐，减师半德；见过于师，方堪传授。"

　　在教学活动过程中会出现老师和学生的关系，所谓"传道授业解惑"即关系的内容，而不是独立于关系之外的第三者。从学生的学习角度来说，"成为老师"是学生的理想，"学习"就是成为老师的过程，这是学习的唯一动力。于是，在教育的"此在"世界中，只有学生的出现；老师只出现在"想成为老师"的学生的学习过程中，但其实从来没有真正出现过，因为学生只要成为最好的学生，老师便自然出现。因此，教育的主体是学生，老师只是学生的境界。师者，只是一种想让学生成为老师的情怀，教学就是把这种情怀彰显在师生关系中。

│ 2017 年 4 月 27 日 │

学　问

　　真正有价值的学术，必定有思想引领功能，有思想价值；真正有创见的思想，必定以学理为基础，有深邃的学术作为支撑。学术，应该是沉厚丰实的；思想，应该是敏锐高远的。就人文学科而言，学术不仅包括材料辨析，包括考订实证，也要包括问题意识；而追问的方向、追问的过程，实际上就是思想引领的过程，也是酿就思想的过程。说到思想，其绝不是由口号堆积的，创新也绝非体现在提法的翻新上；关键在于其洞察力与引导力，根基在于其丰富的内容与严密的逻辑，学术内涵正是其真知灼见的底蕴。

| 2017 年 5 月 30 日 |

格兰切斯特村的"格兰切斯特小组"介绍牌，2019 年 11 月摄于英国

普

隐

篇

图：五台山"普隐林"刻石，2018 年 7 月摄于中国山西

普隐学堂

　　普隐学堂作为中国佛教现代化与化现代的理想，以佛教整体、人间佛教、世界文明为背景，以个体生命关怀、社区重建、佛教未来为三大目标；以佛法讲座熏修正知正见，以朝山普礼成就正念正行，以共修、社区服务成就正业正命；强调"历境炼心""随处作主人""自利先利他"的修行观念，提倡"没有重要的人，只有重要的事""在做事中培养人""轮流做事，破除我执"的组织观念，提倡"合法赚钱即为正业""为他人赚钱""以商业成就弘法"的金钱观念，提倡"事业有成即为佛法智慧""自利事业要有利他情怀""以世间事业成就出世解脱"的事业观念，最后成就一批具有"觉者境界，君子气象，隐士风度，文人情怀"的人。

| 2017 年 5 月 30 日 |

普隐行者

一

缘起时，我在茫茫人海中看见你；

缘灭时，我看见你消失在茫茫人海中。

我们缘起于太姥山平兴寺普隐学堂的正法传承，共同信奉诸佛菩萨的教导，接受一切圣贤的教化，践行人间佛教，构建人间净土。

我们栖息于痛苦的世间，却不愿意沉沦在茫茫的红尘中。因为三宝师尊的教诲，我们成为一朵朵美丽的蒲公英，在卑微中有高远的理想，追求生命的觉悟。我们有血有肉，而不会沉沦于欲望的享受；有哭有笑，却没有恩怨情仇；有苦有乐，而不要怨恨贪著；有情有义，却不会黏著纠缠。我们要在生活中体现信仰，不会让信仰代替生活，提高生活的品质，践行觉者境界的觉悟与洒脱。

我们这一朵朵蒲公英，在纤柔与洒脱中有豪迈的坚韧。观世音菩萨不舍众生的慈悲、文殊菩萨断一切烦恼的智慧、地藏菩萨救济痛苦的誓愿、普贤菩萨的法界观行，都在各自的缘起中去努力圆满。在家庭中不忘初心，始终陪伴着菩提眷属的远行；在工作中不忘自己的责任，在服务众生中给予欢喜；在生活中不忘利他的情怀，在广结善缘中无碍解脱，彰显君子气象的勇敢与担当。

我们，如蒲公英扎根大地一样，在繁华的花开花落中要有自己生命的悠然。在世间的缘生缘灭中，不忘自己的本来面目；在人际的往来应酬中，不忘自己的家庭与信仰责任；在名利的升降煎熬中，不忘三宝师尊的教诲。我们扎根于自己的时空缘起，实践无尽的愿行；观照自他关系的有限缘起，彰显慈悲利他的情怀；在情义苦乐的牵绊中，断除烦恼的纠缠；在生活的历境炼心中，拥有隐士风度的深邃与低调。

我们如蒲公英一样，从大地中吸收营养，我们在三藏十二部、古今中外圣贤的教诲中汲取生命的力量。法门无量誓愿学，诸佛菩萨的教导、善知识的开示、三宝师尊的智慧，皆是生命成长的明灯。我们相信教育是一种艰辛的期待，只有教育才能改变未来，读书才能拥有未来，学习才能成就梦想。我们要在阅读、思考中反思人生的意义，在经卷、书本中体验生活的乐趣，在智慧的交流、分享中实现生命的共同成长，体现文人情怀的优雅与简朴。

二

　　勤修清净波罗蜜，恒不忘失菩提心。

　　灭除障垢无有余，一切妙行皆成就。

　　我们要去推动觉悟教育，普及灵性文化，培养师道人才，成就欢喜净土。

　　我们深知家和万事兴。我们感恩过去的善缘感召，今生同愿同行，携伴亲朋好友，共同走进普隐学堂，共同接受诸佛菩萨、护法龙天的加持，共同开启智慧慈悲的人生。我们要接受对方的缺点，赞美对方的优点；永不忘彼此的愿力与初心，欢喜携手远行在菩提道上；善尽责任，善知心意，善言忠贞，善待彼此；孝顺父母，供奉无缺；恭敬师长，奉行无违；和睦邻里，欢喜无恨；奉献社会，爱心无限。

　　我们深知，一个人的旅途是孤独的，一群人携手共行才能走得更远。我们深知，无论世界多么黑暗，仍然要在自己的心里看到光明，给予别人一丝光明；无论世间多么冰冷，也要让自己温暖起来，热情地对待别人；无论别人是如何尔虞我诈、人我是非，仍然要理解、接受，还要试图去教化。我们因为共同的信仰、共同的法缘，走进普隐学堂，我们要在共修中提升法情、坚定信仰。我们要彼此尊重，相互包容，彼此体谅，相互帮助。我们要积极参与慈善活动，将慈悲的爱心落实到慈善公益中；我们要积极投身教育事业，将智慧的种子散播在年轻人的心中；我们要热爱读书，将文化的使命与善缘代代相承；我们要将佛法价值落实到社会实践中，建构有理想、有爱心、平等互助的社区。

我们深知，虚空有尽，行愿无穷；随愿所成，行愿合一。《法华经》云，一切资生产业皆为实相。我们在家佛弟子的事业，若无三宝功德的护持、众生的支持，将永远局限在自我的福德缘起中。一滴水流入大海，才会永不干枯；我们要将自我的有限缘起，融入三宝功德、众生福德的无尽缘起中。我们要将自己的信仰化成世间的一道风景，凝固成永住世间的道场，推动佛教现代化与化现代，早日实现人间净土。

三

> 所有与我同行者，于一切处同集会。
> 身口意业皆同等，一切行愿同修行。

我们希望自己成为觉者境界、君子气象、隐士风度、文人情怀的师道人才，汇聚在无尽缘起的普隐法界中，要让普隐学堂成为人才成长的摇篮、善缘汇聚的平台、生命提升的家园、智慧交融的天地。

　　我们彼此之间要有情有义，有慈有爱，同甘共苦，同心同德。我们在缘聚缘散中，没有重要的人，只有重要的事，轮流担当，薪火相传。我们隐于世间，于世间承办种种利他之"事"，借种种"事"而历境炼"心"，累积善净之"业"，成就福慧增上的"普隐行者"之路。

　　我们这一朵朵蒲公英，无论风把我们带吹到何方，都可以在自己的无常节拍中尽情释放着生命的韵律，然后又深深地扎根于大地，延续着自己的坚韧与纤柔，在生生不息中诠释着柔弱与刚强、渺小与伟大的超越性。

　　我们有一个共同的名字——普隐行者；

　　我们有一个共同的家园——普隐学堂；

　　我们有一个共同的法界——普隐法界。

｜2017 年 11 月 25 日｜

普隐学堂温州腊八施粥活动，2019 年 1 月摄于中国浙江

共修的意义

　　普隐学堂自 2013 年 8 月设立共修会以来，提出要以"以家庭为基础，融佛法于生活；以共修为途径，融佛法于友情；以社区为道场，融佛法于世间"为宗旨，以"共同奉献，共同成就，共同分享，共同成长"为原则，将佛法的精神、普隐学堂的理念、弘法的使命、觉悟的生活融汇起来。至 2017 年初，学堂相继在北京、南京、苏州、上海、杭州、义乌、绍兴、宁波、温州（乐清、瑞安）、广州、深圳等地设有共修会，推动信徒们的共修。每月第一个周末的下午两点，各地共修会成员皆会汇聚于各自道场，依共修仪轨而诵经、分享，或去护持三宝，或去慰问老人、陪育孤儿等，彰显出普隐弟子的觉者境界、君子气象、隐士风度、文人情怀。

　　2016 年的普隐学堂年会上，我提出了蒲公英的传播理念。每位普隐弟子皆是一朵美丽的蒲公英，深刻地体验与实践

"既在孤峰顶上，又在红尘浪里"的禅者精神，在卑微中有高远的理想，在纤柔与坚韧中有遗世独立的豪迈，在繁华的花开花落中有自己生命的悠然。而共修会则是蒲公英的相聚，因为共同的信仰、共同的法情，所有的蒲公英都找到了自己扎根的大地——心灵的家园，所以共修会是"蒲公英之家"。于是，在家庭、工作之外，普隐的弟子皆拥有一个新的家园——共修会。

那么，共修会到底是什么，承载了什么样的理想，如何运作？三年来，我不断地思索、观察、反思，似乎有了一种答案，在此与大家分享一下。

从佛法的"三化"来说，家庭化是基础，社区化是根本，事业化是关键。共修会的建设是落实佛法社区化的根本。"佛法社区化"是将佛法价值落实到社会实践中，建构有理想、有爱心、平等互助的社区，有两大途径：（一）推动信徒们积极参与慈善组织，将信仰的实践落实到慈善公益活动中；（二）推动共修会的建设，共修会有助于提升法情、坚定信仰、实现互助。通过参与共修，让佛教信仰生活成为共同的社会生活方式，使佛法成为亲情稳固的纽带，有助于完成"佛法家庭化"；同时，通过共修的互动，能够接引更多大众接触佛法，甚至能够建设当地的道场——普隐社区，从而有助于完成"佛法事业化"。

因此，学佛不仅是解脱自我生命的烦恼，建构生命的价值与意义；同时，更要在宏观层面去担当社会、国家和世界，将自身的生命成长与社会和谐、国家繁荣、世界和平融合起来，即要去推动觉悟教育、普及灵性文化、培养师道人才、成就欢喜净土。这样的佛法修学，便具备个体、社区、社会、国家和世界等五个维度：在个体维度上，完成生命的解脱，拥有觉者境界、君子气象、隐士风度、文人情怀的生命品质；在社区维度上，建构新型社区——普隐社区，彰显"人才成长的摇篮，善缘汇聚的平台，生命提升的家园，智慧交融的天地"四大品质。通过"普隐社区"的营造，通过信仰的认同、共修活动的互动，从而产生共识和社区意识，即逐渐改变现有社会的公共空间形态、经济发展方式以及精神文化面貌，完成"人间净土"的建设。

普隐学堂共修会的运作，活动以"缘聚缘散"为原则，人事以"没有重要的人，只有重要的事"而轮流承担为原则，财务以"一期一会"透明公开为原则；没有权威和领导，只有共同议事、自律自治。共修会的活动以每月共修与每日自修、每月分享与每日读书自学为中心。共修是以自修、自学为基础，共修是为了更好地促进自修、自学。

因此，共修会作为"蒲公英之家"，是真正的"自组织"，其背后是佛法的精神、普隐学堂的理念与制度原则、现代新型社区文明的价值期待，是"人间净土"的建设基地。

| 2017 年 1 月 6 日 |

九华山普礼行祈愿文

南无大愿地藏王菩萨！

南无大愿地藏王菩萨！

南无大愿地藏王菩萨！

妙有分二气，灵山开九华；

誓愿超生死，普隐法界集。

南无大愿地藏王菩萨！

普隐四众弟子普发大慈悲如观音，

普学大智慧如文殊，

普修圆满行如普贤，

普立大誓愿如地藏，

普礼四大名山，朝拜四大菩萨。

今日跪立法座前，圆满四大名山普礼功德。

愿您及诸佛菩萨作证，四大名山护法龙天护佑，

弟子众等普发菩提心，

证性空真实理，圆融一切世间思想，圆满一切无碍事行，
成就一切方便法门；

普誓护持正法，恭敬三宝，令三宝慧灯不坠，让正法永
明于世间。

《地藏经》云："世尊，我观是阎浮众生，举心动念，无
非是罪。脱获善利，多退初心。若遇恶缘，念念增益。"

我等四众弟子跪立法座前，

忏悔一切罪，誓灭一切烦恼，

誓增一切善，誓断一切恶。

愿我等心性调柔，承载痛苦如大地；

愿我等善缘广结，担当众生如大地；

愿我等福慧增长，引生功德如大地。

安忍不动如大地，静虑深密如秘藏。

南无大愿地藏王菩萨！

无常的世间，无我的人生，

炼狱煎熬的痛苦，超凡入圣的期待，

汇聚在虔诚的跪拜中，

凝聚在泪水与汗水的脸上。

愿您接受我们的祈愿！

愿我的心性如您手上的宝珠，洁净无染，

愿我的智慧光明如宝珠，祛除众生的无明；

愿我如您的坐骑——谛听，返闻自心，观察世间的真实，不为假象所迷；

愿我成为您的锡杖，安忍世间的痛苦，不为三界烦恼所扰。

众生度尽，方证菩提；

地狱未空，誓不成佛。

南无大愿地藏王菩萨！

这一声万古长空的大愿，

这一身普润地狱的庄严，

这一心不舍众生的容颜，

深深地印在我们的八识田中。

愿我们如您那样，成为如来的使者、蒲公英的种子，

去推动觉悟教育，普及灵性文化，培养师道人才，成就欢喜净土。

愿这世间如您所在的空间，成为

人才成长的摇篮，善缘汇聚的平台，

生命提升的家园，智慧交融的天地。

南无大愿地藏王菩萨！

请您接受我们至诚的祈愿！

请您接受我们至诚的祈愿!

请您接受我们至诚的祈愿!

南无地藏王菩萨摩诃萨!

南无地藏王菩萨摩诃萨!

南无地藏王菩萨摩诃萨!

| 2017 年 6 月 24 日 |

学习祈愿文

皈依十方尽虚空界一切诸佛

皈依十方尽虚空界一切尊法

皈依十方尽虚空界一切贤圣僧

礼敬十方尽虚空界一切护法龙天

今天，弟子××怀着虔诚的心向十方法界佛菩萨、护法龙天祈请：

我处在人生最好的年华，充满着梦想与活力；

我又似乎生活在艰难的岁月，被焦虑与烦躁萦绕。

我梦想着金榜题名，对于知识的未来探索；

我会有分数高低的焦虑，会有成败得失的烦躁；

祈请您们加持我：

从容地参加考试，平静地承受未来的压力，

快乐地走向人生的每一阶段!

诸佛菩萨、护法龙天!

弟子××十多年的学习与考试,

凝聚着老师的心血与父母的期待;

我也要善待自己的青春,

废寝忘食,精进不懈。

祈请您们加持我:

从此直至考试圆满日,

能有坚强的耐力,保持健康的身体,

成就圆满的信心,宁静快乐的生活!

诸佛菩萨、护法龙天!

祈请加持弟子××:

应试之日,身体健康,精力充沛;

心如明月,皎洁明朗,念头清晰,临场不乱,

善巧应变,思路灵活,圆融无碍,圆满考试功德。

诸佛菩萨、护法龙天!

从今日起,

弟子××将真正告别少年的幼稚,进入加冠之年;

我处在最好的时代,有更多的选择机会,但是也会更容
易迷失自我与本真。

于浙江佛学院举办的普隐青年研修班，2018 年 7 月摄于中国浙江

我在知识的海洋中塑造着独立、坚强、批判、创新的人格，

不断地体会着"人之为人"的真正含义。

从此刻起，

我将成为社会的主体，担负着父母的期待、家族的厚望、国家的命运；

为天地立心，为生民立命，为往圣继绝学，为万世开太平，

将是我们的责任与使命。

无论高考的成绩如何，

无论前途多么艰难，

我都不会忘记今天的发愿。
我将继承前辈先贤的事业,
坚守中华文化的精神传统,
创造充满活力、富有希望的未来!

十方法界诸佛菩萨、护法龙天:
请您们接受弟子××的至诚祈祷祝愿!

| 2018 年 6 月 4 日 |

普隐亭记

　　余感念桑梓山水之德、父母养育之恩，故土难忘，梓情萦怀。祖上避战乱而栖此地，因村前有一湖，故名小湖。村有良田，清泉流注，鸡犬相闻，乃乱世之净土。然崇山峻岭，交通不便，物资匮乏，营计惟艰，亦父老乡亲心头之痛。秉改革春风，叔辈族兄皆离乡谋生，昔日繁华小村顿有萧条之感。然族上老人犹栖深山，刀耕火种，固守乡土，嗣守风俗。

　　村边有一平地，乃村民三夏乘凉休憩之胜地。山下港湾，樯帆云集，东海入流，舟楫还往。北望太姥，层峦叠嶂，青峰秀岭，隐现苍莽；回首合掌，双岩竞秀，极目苍穹，日月共仰。然胜景虽殊，犹缺一亭，故发愿为父老修亭遮雨，揽山川之风月，乐岁物之阜成，以俾其颐养天年，乡风不绝。普隐学堂众弟子，感念佛法教化功德，故捐集善款。嘱贤弟永杭发起，修造"普隐亭"。鸠工庀材，凿石引泉，不日而成，遂为小村之一景。

然通往邻村之路，亦多杂草遮掩，遂辟狭补缺，缮葺补苴，号为"普隐路"，实乃佛法解脱之道也。学佛无非自觉觉他、自利利他，法界同体，众生一心。恰逢新时代之胜机，倡修路政，出入通途乃成。故亭成为文，以纪胜缘。因刻石以告来兹，是为记。

发起人：圣凯 徐永杭

捐资人：果然 果立 果枫 果秋 果人 果礼 果原 果泽 果凯 果修 果简 果易 果乐 果明 果直 果济 果莲 果禅 果定 果贵 果威 果灯 果健

| 时西元 2019 年 岁次己亥冬月十九
圣凯谨撰于英国剑桥大学 |

行者篇

2017 年

菩萨蛮·和潘岳先生《冬日残荷诗》①

远山苍霭云清婉，婉清云霭苍山远。枯瘦伴风疏，疏风伴瘦枯。

判莲荷莫见，莫见荷莲判。枝舞笑人痴，痴人笑舞枝。

"生固欣然，死亦无憾。花落还开，水流不断。我兮何有，谁与安息。明月清风，不劳寻觅。"在生死中完成"人间佛教"的嘱托，在花开花落中担负重建中国佛教的重任，在一无所有中将此身心奉尘刹，在明月清风中寻觅着佛陀和祖师大德的悲智行愿，成就了一位"人间佛教使者"——赵朴初！

躲在世界的某个角落，终于完成了《人间佛教思想文

① 作于 2017 年 2 月 3 日。潘岳《冬日残荷诗·题建宁荷苑于 2017 年冬日》："此非赏荷采莲时，一池枯黄尽残枝。曾托绿叶白露雨，曾付莲心人共食。曾吐淡红入画品，曾舞清风填新词。半塘浮泥半塘水，根根瘦骨句句诗。"

库·赵朴初卷》的导读。走近一个人物，走进一个时代，恍
惚如昨天的自己就在眼前，却已成历史。

完成了《佛学研究》2016 年总第 25 期的校对工作。文
字即功夫，亦是般若。作者是文章千古事，编辑则是一字一
点皆功夫。为他人做嫁衣裳，既需要利他的愿力，也需要实
际的功夫。任何利他都会回到自利，最终则自利利他不二。
好作者也必须是一位好编辑，好编辑也必须是一位好作者。

| 2017 年 2 月 9 日 |

宿杭州灵隐寺，遇慧观法师

招提山色雨空迷，塔影千年鹫岭萋。
静室虚开观妙典，清泉寂寞自飞堤。
圆明彻悟孤情阔，坠落天花竹榻栖。
且向云林寻祖法，忽逢故友柳烟西。

| 2017 年 3 月 19 日 |

四月入五台山竹林寺，为山西佛教研修班授课

人间四月紫花凋，五顶云封暮雪残。

万古竹林龙象众，千松争畅一心禅。

| 2017 年 4 月 14 日 |

竹林寺一景，2017 年 4 月摄于中国山西

完成了太虚大师《真现实论》的导读，感叹不已。太虚大师的视野与方法，为今日佛教所必需——以佛法融合东西方文化与哲学，以佛法回应时代议题，以佛法统摄当今世界文明——这是当代佛教界学术建构所必需的。

读佛教经论典籍二十七年，浸润教法，然印度的《瑜伽师地论》《大毗婆沙论》《大智度论》，中国古代的《大乘义章》《宗镜录》、近代的如太虚《真现实论》，堪称难治、难读。身为佛子，当深入法海，难读能读，难治能治，打扫佛法大门，迎后来者入。

| 2017 年 5 月 22 日 |

我在窗内看蓝天，蓝天只是玻璃的影子；我在白天想象黑夜，黑夜只是佛心中的怜悯；我在绿叶中期待茉莉的盛开，茉莉只是时间的倒影。明天从来没有来过，过去从未出现，现在只是眼前的一抹绿。

| 2017 年 5 月 24 日 |

我在地狱中，想象着清净的佛国；熊熊的地狱之火，期待着清凉的白莲花。我在残缺的世界中，发现觉悟的圆满；只有有誓入地狱的悲壮，才能有笑看众生的悲悯。我在有限的存在中，去思辨无限的真实；只有安住在当下的时空，才能发现意义的无限。

| 2017 年 6 月 7 日 |

秋日栖加拿大温哥华英属哥伦比亚大学

红枫如火念悠悠，秋色萧萧乱绪愁。

寒雁高飞云渐远，心空及第尽情惆。

| 2017 年 10 月 21 日 |

英属哥伦比亚大学亚洲系一景，2017 年 10 月摄于加拿大

2018 年

来不及道别 2017 年——在时间的相续中无法驻足的存在；来不及迎接 2018 年的光临——在时间的断裂中无法到达的未来；来不及品味悲伤与哀痛，回想快乐与欢笑，又被新的喜怒哀乐掩盖……

站在时间的浪潮上，听着法界纠缠的声音，那是无限关系纠缠的声音。经历的岁月只剩下符号与程序，难熬的喜怒哀乐只剩下惯性与回响，岁月如风，来无影却满袖。在时间的单向性中，生命是一趟没有归程的旅途，再好的未来都不如眼前的一抹阳光。我们希望时间倒流——如果时间倒流，主体便会消融在法界中，那个能够希望的"我"将不复存在。因此，不用期待时间，只需要期待那个"无我又自我"的"我"。时间只是"我"的单向运动，在这一场运动中，"我"永远是孤独者，走着别人永远无法复制的人生。在时光的百转千回中，孤独地品味着岁月静好。春的繁华已经尘埃落定；浅夏如烟；秋带着季节的沉静之美，如约而至；冬天带着岁月的力量，将岁月的痕迹狠狠地拉回到轮回的原点。

站在空间的丛林中，俯视着各种差别的关系，观照主体的"我"与无限的"他者"的纠缠。无限时劫的惯性在无限的自他关系中纠缠，构成了重重无尽的法界。我所爱，我所恨，我所想，我所痛，无限的法界在"我所"中便成为一个个"我"的世界。"我"在"我的世界"中浮沉，我的岁月在世界中沧桑。世界是"我"游戏的道场，"我"挽一缕清风的洒脱，约一场细雨的浪漫，在"无我"的关系世界中，滋养着彼此的生命，温暖着孤独的旅程。

于是，相信与意义成为"我"的价值。要相信有爱，世界才会温暖；要相信善良，世界才会和平。"我"为什么是"我"？"我"为什么要活着？"我"对于无限的"他者"意味着什么？阳光不是我的，却也有我的一米；花儿不是为我开的，却也芬芳着我的心房。"我"作为意义主体，有意义才有"我"，才能安然地面对生活给予"我"的苦辣酸甜。拈一缕心香，取一份自信，携一抹温柔，以一抹浅笑的姿态在淡淡的疼痛中领略生命的真谛。回眸处，总会有一盏灯，照亮"我"前行的脚步；总会有一缕阳光，给"我"温暖。"我"活着，"我"善良……皆因为"我"是"我"。

"我"是时间的匆匆过客，"我"是别人眼中的过眼云烟。悲过了，才知道喜的可贵；哭过了，才知道笑的芬芳。一颗坚强淡定的心从来就不是与生俱来的，只有在一次次痛苦艰辛的磨砺中才能造就；尘世中的每一场悲歌离愁何尝不是芳华里的一场场放逐，只需要放过自己，世界就安顿了。一个"悟"字，当中浓缩了多少言语，沉淀了多少痛与泪？

"我"本是一个时间里的流浪汉，在无限纠缠中颠沛流离；"我"在茫茫红尘中眺望，在淡淡的时光中轻捻素心，拈花浅笑。于阳光明媚的日子里，聆听新年的岁月声音。"我"停了一下，又开始了下一个轮回。

｜2018 年 1 月 1 日｜

定风波·忽忆儿时近古仙

一月三十日，回蒲城省亲，忆小学、初中求学时代，曾寄宿东庵两年余，故携弟永杭一同前往。忆旧日生涯，故作此词。

忽忆儿时近古仙，小庵钟呗伴长眠。旧巷石阶闻瓯语，来去，一身圆领了余缘。

料峭冬风催北雪，稍噎，蒲门遥望驿亭残。炉冷道玄明泰否，解理，悟心见性辨丹禅。

| 2018 年 1 月 30 日 |

定风波·除夕感怀

冬日，严寒未退，春风未至；静心却缘，专心研究写作地论学派，故作此词。

谢世潜形论有空，冬风摇曳待冰融。邺洛①长安南北道，稍绕，义章②十地③五门④崇。

佛性因缘⑤思末法，不怯，刻经开窟藏山中。寒尽春来闻

---

① 邺洛：邺即邺城，位于今河北邯郸、河南安阳地区，东魏、北齐都城；洛即洛阳，北魏都城。

② 义章：北朝佛教的注疏方式，是一种纲要书，类似今天的辞典，其来源是诠释事类之书，并在其基础上加以扩充。

③ 十地：菩萨修行的十个阶位，分别是欢喜地、离垢地、发光地、焰慧无、极难胜地、现前地、远行地、不动地、善慧地、法云地。

④ 五门：指佛性门、众生门、修道门、诸谛门、融门，地论学派以此五门概括佛教的思想教义，显示平等、圆融的大道。

⑤ 因缘：地论学派以缘集解释因缘，分为有为缘集、无为缘集、法界缘集、平等缘集。

犬吠，微累，一音^①当现^②汇圆宗^③。

｜ 2018 年 2 月 15 日 ｜

师公的温暖

无数次的跪拜，数次的潸然泪下，难言的眷恋与不舍……一周之内来回两趟太姥山与北京，万里深夜的奔波，圆满人生一次庄严的生死离别。想想那座寺院里，再也没有一位永不嫌打扰的老人，再也没有一个随意进出的房间，心中有无数的悲伤。离开时，青山依旧绿，梵刹依旧庄严，可是害怕再也没有那种带有"家"的温度：随意地撒娇，任性地吃东西，自由地开玩笑……

师公骂过我，那时也是让我如今天这样伤心泪下，那几年记忆深刻的痛哭都是因为师公骂我、说我。我出家后不久，一个乳臭未干的高中毕业生，竟然要负责大雄宝殿建造工程的监工，登记工人的出工情况，验收材料，组织施工。有一

---

① 一音：地论学派的判教思想，指"佛以一音演说法，众生随类各得解"。

② 当现：地论学派的佛性思想，指当有、现有佛性。

③ 圆宗：圆教之宗。地论学派立渐、顿、圆三教。"渐教"是为根器未成熟者设立，是自浅至深而渐次说法；"顿教"是以根器成熟者为对象，是不分浅深而同时演说一切佛法；"圆教"是为正在迈向佛境的众生而设，向他们显示佛陀所证悟的无有障碍的解脱、功德深广如海的究极果报，以及圆满、深妙、自由自在的行事。

次，我验收大雄宝殿的瓦片时，用手指头敲击瓦片，瓦片顿时便碎了，说："这瓦片像豆腐，不能要。"运送瓦片的老板便向师公汇报，于是，师公在午饭时骂了我一顿饭的工夫，不断重复："不能说瓦片像豆腐。"那顿午饭，我没有吃过菜，只是用泪水伴下米饭。

那时寺院的春节是拜《万佛忏》，因为人少，从来没有停过，一天需要拜一千三百多次，七天就能拜完。有一次，我实在太累了，喉咙也哑了，便坐在敲鼓的位子上，一是可以休息一下，二是可以学习敲花鼓。师公进来一看，便骂："年轻人骨头这么软，怎么能坐在敲鼓的位子上？"于是，我后来就不会敲花鼓了。

可是，我从来没有恨过师公，因为骂过后，他依然是慈悲的、和颜悦色的。他出门时，将房间钥匙交给我，我在他的房间里拜佛、上香。师公在房间立一个"南无大乘妙法莲华经"的牌位，供上《法华经》，礼拜即为拜《法华经》。那时，每天在师公的房间里拜"八十八佛"，和界参师父一起拜《万佛忏》。

随着时间的推移，师公越来越依恋我，不断地打电话让我回去，让我去看他。从 2007 年开始，师公便让我开始整理他的生平、自叙诗文，一直到年前冬天。他在宁波古阿育王寺闭关那几年，刚好我在古阿育王寺讲课，总能见到师公。握着他柔软的手，岁月留下了珍贵的温度。师公总是想让我多了解他一点，让我修改他的自叙诗。

师公走了，留下了出家生活的许多快乐回忆，也让我更加珍惜岁月中那些快乐的缘分，如界参师父，包括许多年轻的法师。"家"的眷恋，是一种情；虽有不舍，却没有占有的执著。师公的爱是普遍、无私的，他对所有信徒都和徒弟、徒孙一样，都是永远慈悲和慈爱。

佛法之情，丰富而不执著，哀思而不悲伤，忆念而不沉沦；忧虑而有愿力，不舍而有自觉，祝愿而有承担。师公走了，我将我的哀思化成一场庄庄严严、威威仪仪的佛事，这是老人家的教导，也是老人家的希望。

我无法平静地面对师公的舍利，害怕泪水会沾湿舍利。带着一生的爱与教导，在滚滚的红尘中流浪。孤独时，可以想想他；孤单时，可以看看他的视频。师公走了，师公永远都在我的身边。

编辑这本追思集册子时，天天面对师公的法像，泪水总在不经意间流下。我是一个读书人，学不了师公的道德风范，继承不了师公住持、修建寺院的功德；出殡的前一天晚上，我就发愿为师公编一本追思集。其实，师公在 2012 年便为自己编了一本传略，也就是这本追思集的雏形。

师公一辈子都不想麻烦别人。师公从来没有上过学，他的智慧完全来自佛法的熏陶，在诵经拜忏中增长自己的智慧，于是会写信、写诗。2007 年，开始不厌其烦地为我、为郑婉如居士讲述他的生平；2012 年，开始自编传略。正是师公如此这般在生前做了许多基础工作，我才能在最短的时间内完成编辑工作。

寒冷的冬天，耳边常常想起"庄庄严严、威威仪仪、自自在在、老老实实"的教导，脑海里常常出现师公那只温暖的手。

师公走了，将温暖永恒地留在了人间。我还在人间，还需要温暖地活着，也要将温暖留给人间。

| 2018 年 3 月 24 日 |

恰逢《第四届五台山信仰国际研讨会暨"佛教与东亚宗教"国际暑期班十周年》在五台山举行，这是一个众缘和合、愿力坚持的事件，也是一个有关"佛教文化传播与学术研究"的活动。感恩文殊师利菩萨的加持，创建出集中外佛教学术交流、信仰与学术对话、人才培养与学术研究为一体的国际化场域与平台；成就了一千多位佛教与东亚宗教研究人才的成长，诞生了"五台山佛教与东亚文化国际研究院"。

远眺清凉顶，云端现圣容。

幽林环寺塔，残照遍峦峰。

硕彦探玄旨，牛犊成象龙。

时空缘起现，法界尽圆融。

| 2018 年 7 月 3 日 |

在静静的康桥上，我静静地看着河；我轻轻地来，轻轻地走，没有沾上一滴水。那首诗里留下一条河的美景，我在桥上寻找着那首诗；那个人吸引着一行人来看河，教堂上的人向一行人挥挥手。上帝将天堂留在人间，人们却在人间写着自己的故事，忘记了上帝的嘱托。那河水就是上帝的眼泪；我们每天都流浪在上帝的眼泪中，迷离在眼泪的波光中。于是人间只有苦难，偶尔还有教堂的钟声；我们不认为钟声是上帝的声音，反而是自我存在的节奏。河还在，钟声偶尔也响，上帝无声地死了，我也轻轻地走了。

｜ 2018 年 9 月 1 日 ｜

剑桥大学康河，2018 年 9 月摄于英国

鹧鸪天 · 风雨潇潇摇宝铃

风雨潇潇摇宝铃，南山遥忆叹难行。嶂连林密人踪寂，凝坐秋茅独对亭。

冬未至，暑残轻，品茶檐下遁幽京。往来世事皆浮影，闲倚苍松辩契经。

| 2018 年 9 月 29 日 |

2019 年

整理师公老人家的照片。岁月如故，音容宛在。从小穿着他的衣服，站在他的身后，学习着一种生活方式。可能没学好，但是自己已经很努力了！想念着过去，忆念着岁月的温暖……

| 2019 年 1 月 5 日 |

电脑上开着三个页面，观想着三个世界的观念、期待，参考着一种他者的视野，耗尽了十天的心血，完成了八千六百六十字《佛教中国化五年规划》的起草。所有的伟大，都是平凡中的坚持，都是身体、意志的消磨；若无丝毫看不见的信仰，这种消磨毫无任何现实价值。

| 2019 年 1 月 10 日 |

乡思

绿溪山涧流东海，望尽清云不见霞。

叠嶂重峦烟雨漫，柴扉紧闭旧时家。

青牛竹马轻啼笑，相视殷殷绕树丫。

石径难行生杂草，江湖寂寂路无涯。

| 2019 年 1 月 19 日 |

游太姥见高僧说法石

生公演法缤，顽石点头频。

泪眼婆娑注，无情亦有神。

| 2019 年 1 月 22 日 |

忆师公上人

禅房旷寂空，常忆爱慈容。

行愿藏山塔，流芳不二宗。

| 2019 年 1 月 22 日 |

江城子·寄潘岳先生①

青城烟雨寄峥嵘，酒筹觥，鹤松鸣。蜀韵川声，来往品吟争。千载巴山征古道，皆叹苦，喜夷平。

迎新送暖醉醪醒，待阳晴，雪飘零。哲释人生，到底是年形。遁入江湖时一现，箫剑赋，画诗情。

｜ 2019 年 2 月 6 日 ｜

京城初雪

临窗待雪晴，茶鼎品风情。

折竹幽幽响，时时万籁声。

｜ 2019 年 2 月 12 日 ｜

江城子·师公往生周年纪念

坪岗山上梵音潮，泪如涛，忆难消。生死茫茫，行愿现

---

① 潘岳于己亥新年青城山下填《江城子》："一刹那冬日飞凌。斜阳顶，青城青。松啸竹鸣，烟雨夜半听。三千年古蜀旧韵，过者品，来者凭。 百千里故人来寻。豪儿酒，白发吟。春风秋霁，相诺重千斤。三十载剑箫同行，苍山赋，江海心。"

昭昭。昔日戏言身后事，缘已灭，入云霄。

红尘万丈浪嚣嚣，叹时遥，宇寥寥。顾视四周，唯有雨潇潇。自在庄严神韵影，青山漫，化逍遥。

| 2019 年 3 月 4 日 |

春意

新风微扫旧枝惶，天意无言却有常。
寒尽花开苏万物，春雷滚过雨飘墙。

| 2019 年 3 月 30 日 |

送定明法师回闽住持黄檗

碧空如洗月同辉，香雪人间满紫菲。
茶煮泉边林下坐，风光无限去来齐。

| 2019 年 4 月 14 日 |

京城晨雨

京城甘露洗清尘，满地槐花散郁氲。

竹密横斜围北舍，江南烟雨梦如晨。

│ 2019 年 7 月 10 日 │

普隐亭撰联

普观山色大千相

隐现湖光法界心

走过许多人修过的路，在许多人修的亭里歇过脚。聚沙成塔，小善成佛。感恩弟弟牵头，为父老乡亲们修一条路、造一座亭，回报乡梓；感恩大家的支持！感恩不是我们付出过，而是我们记住了过去。愿小善承续，薪火相传！

│ 2019 年 8 月 3 日 │

同德潮州观音阁撰联

禅心澄浊同行观自在

定意滤喧德润度迷津

│ 2019 年 8 月 22 日 │

九月的生活心得，唯有一句：所有难以完成的事情，都是有意义的。"行愿"既需要视野与胸襟，更需要意志与情感的投入。若无意志，难以持续，此谓"勇"；若无情感，难以投入，此谓"信"；若无认知的视野，难以真正完成，此谓"仁"。

| 2019 年 9 月 15 日 |

后 记

我天生愚钝，自知写作训练不够。20世纪90年代在北京读书期间，痛下苦功每天记日记，阅读《散文诗》杂志——当时最崇拜林清玄的散文。后以日积月累之功，承蒙宗教文化出版社王志宏老师的美意，出版了第一本散文集《禅心无语》。

我很晚才用智能手机，2011年才使用微博。此后，在微博上写作，成为我每天早晨的第一件事。2018年8月，我停止了微博的写作，然而，碎片性、临时性的记录，已成为我的生活习惯。

我的写作，不仅记录生活中发生的事件，表达心灵深处的感动、痛苦与豪情，也回应、解释当年发生的大事。我从小就有武侠梦，笑傲江湖，快意人生；担负期待，有所作为，对社会、人生、国家有一种深深的家国情怀。我的随笔写作，在断断续续的状态中完成，先后又汇集出版了《信心》《念心》《精进心》。

这些书名渊源于菩萨五十二阶位，即从十信至等觉、妙觉（按华严之说，菩萨共分五十二个阶位，即十信、十住、十行、十回向、十地、等觉、妙觉）。依我当年的愿望，希望每年能够汇集出版一本，然而，2015 年开始，我的生活负担越来越重，写作速度慢了下来。于是，将 2015 年、2016 年的文章合起来，出版为一本《慧心》。

《定心》则汇集了 2017 年、2018 年、2019 年三年的随笔。我在这三年中，对生活的反思少了，对做事、讲理的强调多了；其间佛教界发生了一件大事，我相继写了几篇文章，阐发了自己的观点。所以，这一次出版时，在相应的段落后面标上了日期，以呈现自己作为反思者、批判者的心路历程。

步入中年，心境与诗意同现，于是"行者篇"出现了许多诗词。虽然平仄、用词或有不当，但都是自己的心境写照，所以经过修订，亦收入《定心》中，供读者批评！

| 2021 年 11 月 8 日 |